U0588339

自 序

大家知道，当家长是需要学习的，学什么？怎么学？我从孩子成长需要具备哪些品质、养成哪些习惯、具备什么情商、学到哪些安全知识、从哪些方面让身体更加健康，家长怎样培养孩子的这些品质、怎样让孩子养成良好的习惯、如何培养孩子基本的处理人际关系的方法等方面做了系统的介绍。

作为家长，我们自身要做哪些修炼、提升，要努力改善自身哪些方面的素养，才能成为一名合格的培养者，才能成为孩子成长的榜样？不一定人人都能成为十分优秀的人，但是只要我们一直走在成为优秀的人的路上，孩子看得见我们的努力，这样的努力就将成为孩子成长路上用之不尽的力量。

其实，态度往往比方法更重要。我们应抱着学习的态度去生活，去为人父母。如果，再有科学合理的教材作为加持，那我们就能掌握科学的育儿方法，我们的家庭教育就能事半功倍。我写这本书旨在为家长们提供科学的、符合孩子成长规律的一些育儿理念、方法，让家长少走弯路，帮助孩子顺利成长，让家长、孩子共享成长的幸福。

学习如何成为一个合格的、优秀的家长既是客观的需求，也是家长的义务，更是幸福人生的必然要求。

回想当年，我女儿出生的时候，电脑还未普及，手机也不是智能的，信息传递并不发达。我浏览书报，了解到当时的一些育儿书籍。于是，我购买了《0到6岁优教工程及实施方案》，从中学到了婴幼儿的心理特点、成长规律和相应的培养教育方法。

作为一名义务教育阶段的中小学高级教师，我对小学、初中的教育比较了解。后来从事学校管理工作以后，我年年带领老师家访，对家长有比较充分的了解。同时，我自己也有当年读书的经历和感受，当孩子遇到问题时，我能够感同身受，能够共情并给予恰当的引导和帮助。当我女儿初中毕业即将上高中时，我购买了几位高中生写的书籍，如饥似渴地学习。因为我是20世纪80年代的师范生，没有读过高中，对高中生的学习过程、学习状态并不了解。通过阅读，我了解到高中阶段的学习最为辛苦，学生需要付出巨大的努力，需要克服学习过程中的许多困难，需要迎接频繁的考试，需要正确对待考试结果的起起伏伏，需要克服巨大的心理压力。高中阶段既是知识的积累过程，更是心理不断成熟的过程。学生和家长既要努力学习，落实好过程，又要客观地面对努力后的结果。这是孩子们经历的一个重要的成长期。

有了这些了解和认识，我对孩子在高中阶段的学习有了初步的认知，对孩子在高中阶段的学习过程有了基本的心理准备。如果对孩子的学习状况一点都不了解，家长也会迷茫，甚至瞎指挥，不仅不能给孩子以帮助，反而会给孩子添乱，可能让孩子更加无所适从，让孩子的学习更加困难，给孩子带来更多干扰。

在我的孩子的成长路上，我将重点放在给孩子创设了解世界的窗口和环境上，让她知道这个世界有多大，什么才是最好的，什么才是我们要追求的目标。在这样的环境中，远大的目标在孩子心中默默生长，孩子五年级时的班主任跟我说：“你的孩子说：‘哈佛、剑桥不敢想，但清华和北大是可以追求的。’”

我女儿从小跟随我一起在农村乡镇学校读书，我在哪个学校任教，她就在哪个学校读书，小学、初中都是这样。高中她是在我们县最好的国家级示范性中学读书。孩子从读小学开始，到初中、高中，没有上过任何辅导班、补习班，学习上的问题都是靠她自己、靠班上的老师的帮助解决的。我虽然是老师，但孩子学习上的问题我基本没有参与。有很多家长都认为自己以前学的知识已经忘了，或者自己并没有读过多少书，所以帮不上孩子。其实，家长可以把更多精力用在关注孩子的品质、态度和方法上，学习上的问题，让孩子自己想办法解决。高中毕业后，她顺利地考上了清华大学。

一方面，我有与孩子一起成长的经历，能将一些感悟与大家分享。另一方面，我从事了几十年的中小学教育教学以及学校管理工作，对孩子的心理特点、成长规律有着比较充分的了解、认识，也喜欢学习与家庭教育相关的知识。通过最近几年的学习、研究、归纳、总结，我掌握了比较系统的家庭教育知识，所以在这里与大家交流“如何与孩子一起成长”的理念、方法，并结合一些鲜活的事例帮助大家理解，希望对大家有所帮助。这便是我的初衷。

目　录

CONTENTS

孩子成长篇

家长成长篇

01

孩子成长篇

第一章　问题百出的家庭教育及原因分析

由于每个人的成长环境不同、成长经历不同、所受到的教育不同、形成的观念不同、为人处世的方法不同，所以家长在子女教育的理念、方式方法上存在着不同，带来了不同的结果，随之而来也出现了许多问题。

子女教育的问题会成为子女成长的问题，最终成为一代人的问题，当他们走入社会，就会成为社会问题。因此，子女教育的问题是事关社会稳定、发展的大问题，也影响着民族的未来发展。比如犹太人，他们总人数不是很多，但他们获得诺贝尔奖的人数却非常多。其中一个重要原因就是，他们非常重视家庭教育，也非常重视学校教育，给予了老师同父母一般的尊重，他们认为“只要学校在，民族就在”。这便是教育的力量。

当然每个国家、每个地区都有自己的历史传承，都有自己的实际情况。我们国家正处于快速发展的社会主义初级阶段，人们拼命努力地工作，生活节奏很快，平时都很忙碌。很多人在工作与生活之间很难找到平衡。工作干好了，却忽略了家庭，忽略了家庭教育。同时不少家长对育儿知识知之甚少，却又很少主动学习相关知识。

在这样的忙碌中，在这样的对子女教育的忽视中，孩子便出现了诸多问题，进而带来了诸多家庭问题及家庭教育问题。

具体来说，有哪些问题呢？

我们接下来做一些列举，因为看清了问题，找到了问题的根源，才能有解决问题的依据，才能从中梳理出解决问题的思路和方法。

第一节　基本品质方面的问题

基本品质方面的问题包括自私、缺乏感恩之心、不热爱劳动、懒惰等。

1. 自私。现在部分孩子表现出来的就是，什么东西都是自己的，不愿意分享，思考问题也是以自我为中心，很难考虑他人的利益和感受。

究其原因，一方面，现在的家庭孩子少，好玩的、好吃的东西从小都属于他，如果家长缺乏引导，这样自私的品质自然就形成了，这也怪不得孩子。另一方面，一些家长怕孩子受委屈，于是一味地迁就孩子、溺爱孩子，什么事情都是孩子优先，家长总把自己放在后面，久而久之，孩子觉得凡事首先满足他的要求是很理所当然的事情。因为平时家长都是这样做的，所以孩子思考问题自然也就以自我为中心。

有这样一则新闻，一位奶奶每天早晨送自己的孙子去读书。出门后先到一家面馆吃牛肉面，面端到桌子上后，奶奶总是先把自己碗中的牛肉夹到孙子的碗中，然后才开始吃面，每天如此。有一天，奶奶在面馆的柜台上顺便将自己碗中的牛肉夹到了孙子的碗中，然后才端到桌子上。正准备吃面时，孙子说："奶奶，你还没有将你碗中的牛肉夹给我。"奶奶说："我在柜台上就将牛肉夹给你了。"孙子说："不！没有，我没有看到。"于是怎么也不肯吃面，一直要求奶奶夹牛肉给他。可是，奶奶碗中已经没有牛肉了，巧妇难为无米之炊啊！奶奶真是无可奈何。于是想啊，干脆再买一碗牛肉面，然后再当面把牛肉夹给他。接着奶奶向面馆老板提出了再买一碗牛肉面，因为是老顾客，所以老板就问明了原委。面馆老板知道了原因后，非常气愤，觉得这个孙子太自私，太不像话了，拒绝再煮一碗牛肉面。奶奶无奈，只得打电话将儿子叫来。儿子来了以后，不但没有教育自己的孩子，反而也让老板煮面，想继续迁就孩子的无理要求，老板断然拒绝。祖辈、父辈不知反思，三代人悻悻而去。

本该属于奶奶的牛肉，却每天都让给孙子吃，时间久了，孙子就觉得理所应当，孩子的自私从此形成。回过头来看，这么小的孩子，其实他也不懂得什么，是奶奶过度的爱，也就是溺爱，造成了孩子的极端自私。

2. 缺乏感恩之心。在孩子们获得物质或帮助时，他们觉得所有的获得和接受的帮助都是理所当然，不需要感谢，更不懂得感谢。现在不少孩子，要什么有什么，只要需要，家长都可以无条件地满足。慢慢地，孩子觉得都是应当的，家长该给我的，不需要感谢，自然也就没有了感恩之心。

有许多在外打工的家长，无法照顾、陪伴自己的孩子，将自己的孩子交给祖辈照顾。家长按时寄些钱回来，供孩子使用。家长外出务工，其实也是生活的需要。有的孩子对父母的情况并不了解，甚至产生了误解，不但不感恩父母，不理解父母的辛劳与无奈，反而觉得家长没有陪伴自己，觉得家长欠自己什么，甚至对家长充满了怨恨。

一位母亲外出打工，将自己只有几岁的孩子留在老家，由他的爷爷奶奶照顾。后来这位母亲生了老二，一直将老二带在身边，并让老二在她打工的地方读书。母亲似乎为了弥补对老大的亏欠，将自己全部的爱都倾注到老二身上，对老二关爱备至，并将孩子的所有事务大包大揽，孩子只管学习和玩耍就行，其他事情，孩子都不用操心。孩子除了写作业，其他什么都不用管。再后来，孩子到了初一下学期，为了将来高考，于是回老家寄住在亲戚家，由亲戚照顾，并在亲戚所在地的学校读书。这个孩子回家只管吃饭，其他什么事情都不关心，家里垃圾袋装满了也从没有想过要拿出去倒掉，更不要说做其他什么事情了。自己的亲人生病了，他也从来不过问，似乎只活在自己的世界里。这个孩子缺失了生活的内涵。有时候，妈妈回家看她，他连招呼都懒得打，更谈不上感恩之心。他似乎是一个生活的旁观者。

一个十岁男孩，因患感冒住院输液，躺在床上打着手机上的游戏，母亲怀里抱着二宝，手里端着饭碗，用勺子喂十岁男孩吃饭，勺子送到嘴边，男孩就张开嘴吃饭。一次勺子挡住了手机，男孩游戏失败，一边大声地吼自己的母亲“都怪你”，一边用手一挥，将勺子打落在地，二宝也差点掉到地上。临床的阿姨责怪这孩子太不懂事，可母亲却说“是我不小心”。十岁的孩子，虽然生病，既然能打游戏，怎么不能自己吃饭呢？母亲喂饭，孩子不但不知感恩，反而蛮横地对待母亲。家长的一味付出，换来的却是孩子的理所当然，是孩子的衣来伸手、饭来张口，稍有不如意，孩子反倒责怪家长，毫无反刍感恩之意。真是令人深思！

3. 不热爱劳动、懒惰。现在，家里普遍孩子少，家长大多把注意力集中在关注孩子的学习上，认为孩子只要把学习搞好了，其他都不重要。学习以外的其他事情，家长都包办代替。家务活不让孩子做，甚至孩子的寝室内务整理、洗衣服，家长都一概包揽。孩子小时候对什么事情都感兴趣，看见家长扫地，总想帮一把，看见家长择菜也想试一试，总之看见家长做什么都想尝试一下，而且兴趣盎然。但是，家长呢，却这也不让做，那也不放心，慢慢地，孩子也就没兴趣做了，甚至叫他做他也不愿做了。懒惰由此形成。

近年来，新闻报道中总能看到以优异的成绩考上了大学的孩子却因生活不能自理而退学的例子。究其原因，还在于家长的越俎代庖，剥夺了孩子学会生活技能的机会。在孩子能学会时，家长却不让他去做。

要知道，人只有在做事的过程中，才能学会做事。可能，开始时做不好，做得慢，这正是孩子做好事情的起步和过程，哪有人一开始就什么事情都会做呢？一开始就能把事情做得很好呢？

第二节　家庭关系、父母子女关系方面的问题

在家庭关系、父母子女关系中，比较普遍的问题就是，孩子不与家长交流，逆反，与家长关系不协调，甚至对立。

现在部分家庭，父母与子女的关系紧张。家长说什么孩子就反对什么，家长让做的事情孩子不做，不让做的事情孩子偏要去做。有的家长与孩子说不上三句话就吵架，或者孩子就回到自己的房间，锁上房门不与家长交流。家长苦恼，孩子痛苦。

问题出在哪里呢？

孩子在婴幼儿时期，不能用语言表达自己的想法，什么事情都由家长做主。但慢慢地，孩子成长了，有了自己的想法和主张。但家长的思维并没有改变，虽然孩子用语言表达了自己的想法，但家长还是觉得不行，你还小，什么事情都不懂，必须按照大人的想法去做，按照大人的要求去办。

但大人的想法与孩子的想法一样吗？当然不一样。孩子那么小，他的视角和认知与成人有非常大的差异。我们应该尊重这样的差异。世界上没有两个人的想法是一模一样的，与世界上没有两片树叶是一模一样的同理。

孩子的想法没有得到尊重，没有受到重视，所以孩子心里就很不高兴，就产生了情绪。如果孩子的想法总是得不到尊重，慢慢地，孩子就会对家长产生反感情绪，就是我们常说的“逆反”：既然我的想法你们不愿意听取，更不会采纳，那么你们的想法我也不会听，你们的要求我也不会做。这是孩子在与家长斗气，其实也是在学家长的做法。表现出来就是，你让我做的事情，我就是不做；你不让我做的事情，我偏要去做。其实，孩子是在赌气。孩子心里想：我的想法你都不尊重，你的要求我也不会去做，你不尊重我的想法，我就和你对着干。

其实孩子这是在就事论事，并不是孩子对家长的全盘否定。因为，有的家长会很伤心，认为孩子辜负了自己，什么都不听自己的。其实，这只是家长不尊重孩子的想法造成的后果，并非孩子不承认父母的养育之恩。

概括起来就是，孩子成长了，孩子改变了，孩子有思想了，而家长的认知未变，家长的方法未变，家长没有成长。所以，我说“孩子，我们一起成长”。

家长总是想，我说什么，孩子听什么，我给什么，孩子都应全盘接受什么。家长有没有想过，你说的是不是孩子想听的，你给的是不是孩子想要的、是不是孩子需要的。矛盾就在这里，家长给的和孩子要的错位、脱节，造成了家长和孩子之间的不和谐。最终导致家庭关系紧张，父母与子女矛盾重重。

有一位著名作家，他的作品曾获得首届茅盾文学奖。他在参加中央电视台的一档节目时说，他的孩子与他已经五年没有什么交流了，他很痛苦。记者采访他时，他说他也曾经有过十八年不与自己的父亲说话的经历，因为一说话就吵架，没法沟通。这多么让人痛心！

试问，孩子饿了，你拿件衣服给他；孩子冷了，你却端碗饭给他，结果会怎么样？可想而知，你给的都不是孩子需要的，孩子当然不会要，自然会出现矛盾，这并不奇怪。

岂止是孩子长大了，其实就算是孩子在婴幼儿时期，他的每一次哭，每一次笑，都是有原因的，我们当家长的都需要学会去识别，去读懂孩子发出的每一个信号。只有我们读懂了孩子，我们才能给予孩子需要的帮助。所以，并不是家长只要尽了心、尽了力就行了，而是要找对方向，按需施力，方能事半功倍，皆大欢喜。

比如婴儿哭了，他要表达什么？是饿了，是渴了，是孤独了，还是小便打湿了裤子而很不舒服？是饿了，给他奶吃，自然不哭了；渴了，给他水喝，自然高兴了；孤独了，抱一抱，给予安慰，自然笑逐颜开；是小便打湿了裤子，换了裤子，自然舒服了。有的家长，不问青红皂白，只是抱起来摇晃，嘴里嘟囔着“不哭、不哭”，孩子继续哭闹，家长反而苦恼，甚至发火，觉得这个孩子爱哭，不好带，把责任都推给孩子。问题都没有得到解决，孩子怎能不哭？这是家长需要反思的地方。

孩子长大些了，把他的问题说出来了，家长仍然觉得，小孩子懂什么，听家长的没错。这样的思维，有违孩子的实际情况，不能解决孩子的问题，不能满足孩子的需求。家长与孩子之间的关系越来越差，家长应负主要责任。

第三节　如何与他人相处的问题

现在不少孩子人际关系协调能力差，甚至不知道怎样与他人相处，难以融入社会，更不知道如何在竞争中合作，在合作中竞争。

有的孩子成年了，却宅在家中，不出去工作。究其原因，是部分家长走向了另一个极端，就是孩子要什么给什么，即便孩子的要求不合理，但经不住孩子的哭闹，为了解决眼前的矛盾，于是一味地迁就孩子，慢慢地，让孩子在家中养成了以自我为中心的思想，什么都要依着他，而不是依着“理”。到了外面，他们也以为别人还是要处处照顾自己、迁就自己。实际情况肯定不是这样，别人有什么理由迁就你呢？其他人不能满足他的不合理要求，于是他就觉得别人对自己不好，心理失衡，在这个环境中待不下去。只要求别人对自己好，却从没有想过自己要对别人好，只索取不奉献，哪有人愿意与这样的人相处？待不下去是很自然的事情。

这也值得家长深深反思。因为人总是要进入社会的，与人相处可以说是人最基本的生活技能之一。孩子合情合理的需要，可以满足。反之，则要讲明道理，坚决拒绝，让孩子知道底线和原则，让孩子知道，得到与付出是成正比的。人只有在为他人服务中才能谋得生存的空间。

有这样一个孩子，学习能力很强，成绩很好。她到了中学阶段，与同学处不好关系，总觉得周围的同学对自己都不好，心里老是过不了这个坎，觉得在学校待着难受。家长到学校访问老师和同学，又都说没有什么，大家对她都挺好的啊。只是她一味强求别人这样、那样，慢慢地大家对她的无理要求都不予理睬了，所以她觉得很难受，她觉得大家都对她不好。其实，那只是她个人的想法、感受。这位同学，最终辍学回家，回家后，与父母也三天两头闹矛盾，老是提些过分的要求，当然得不到家长的应允，所以觉得在家里也待不下去。孩子痛苦，家长难受，学业也荒废了，更不知道未来的方向在哪里。

所以，让孩子学会与人相处是多么重要。

小云是家中的独生女，父母从小什么事都惯着她，慢慢地，她形成了以自我为中心的观念，凡事首先想到的是自己，根本不考虑别人的感受，或者说，在她心中就没有这样的想法，她说的话，她做的事，别人会有什么感受，她根本就没有这样的概念。现在她工作也有几年了，马上就快三十岁了，仍然孤身一人。与以前的同学谈过一次朋友，一切都要依着她，一切都要按照她的想法办，那位同学根本受不了她，根本无法与她相处下去，最后只能分手。同事们也了解她的性格，所以，都不敢或不愿给她介绍对象，因为大家都知道，她太任性了，即使给她介绍了对象，最终可能也相处不好。

像小云这样的情况，在社会中其实并不鲜见，有的人相处不久就分手了，有的即使有了感情，结了婚，很快又离婚了，并非感情出了问题，而是两人关系相处不好。不知道互谅互让、互相包容，不知道体谅对方、体贴对方，都以自我为中心，这样怎能处好两个人的关系呢？

所以，学会与他人相处，不仅影响自己的学习、事业，更影响自己的终身幸福。

第四节 目标、理想方面的问题

现在不少孩子没有理想、没有追求，缺乏上进心，对自己没有更高的要求，甚至得过且过。

现在外出打工的家长，或者工作很忙的家长很多。因为生活的需要，没有时间陪伴孩子，于是他们心里觉得亏欠孩子，所以对孩子物质方面的需求、要求，几乎是有求必应，甚至想用这种方式弥补对孩子的“亏欠”。这样的做法，一方面满足了孩子物质上的需要，另一方面也让孩子误以为物质上的东西原来这么容易得到，于是孩子形成一种错觉，觉得只要提出要求就可以得到自己想要的东西，不需要付出努力，愿望就可以实现。久而久之，他们便没有了上进心，没有了目标追求，更谈不上理想、抱负，同时，对自己也没有了更高的要求。

比如有这样一个孩子，读初二了，学习成绩也还不错。在思想品德课上，老师结合教材内容，问这位学生：“你们现在最想做的是什么?”这位学生站起来大声地说:“吃、耍、睡。”这样的回答,是他的真实想法。老师让他们说真话,但听了这样的回答,也不免大吃一惊。但这正暴露了这些孩子胸无大志、没有上进心。这真是让人揪心。如果家长知道了他们是这样的想法,恐怕心里会更加难过,在外的辛勤付出或将失去动力。

其实,这一代家长的工作方式、生活方式是历史发展的产物。家长们外出工作、谋生,为整个家庭的生存发展而付出,但却因此离开父母、离开子女。家长们常为此感到愧疚,但其实这是家长们更大的付出,家长们已经很努力了,家长们不欠孩子什么。所以,孩子们生活上、学习上必要的物质需求应该满足,但是应该有一个限度,不合理的要求必须拒绝。同时,家长们应跟孩子们聊一聊自己的生活、工作状态,让他们知道父母外出打工或工作的艰辛与不易,一分付出才有一分收获,孩子们从父母那里得到的费用,以及各种物质上的东西,都是父母辛勤劳动而获得的报酬换来的,让他们能够理解父母心。父母在努力,孩子们也应该努力,进而做好他们自己应该做的事情。

小明的妈妈在外地务工,每到周末妈妈都会给小明打电话。每次妈妈都说,她在外面工作很好的,让小明好好读书,听爷爷奶奶的话。天真无邪的小明心里很高兴。放暑假了,小明坐火车来到妈妈工作的地方,看见妈妈冒着烈日,怀里抱着高高的一摞砖头,往正在修建的房子里小跑着,满头大汗,后背湿透。妈妈看着小明,顿时愣住了,小明也惊愕地看着妈妈,继而眼里噙满了泪水,放下书包,帮妈妈抱起了砖头。妈妈心中升起一阵暖意,母子开始在谈笑中愉快地搬砖。

暑假以后，小明如获新生，变得异常懂事，立志要努力读书，发愤图强，学好本领，将来报答父母的养育之恩。有了目标理想，一切都变得积极向上了，小明不仅学习努力，还主动帮爷爷奶奶做家务。

家长让孩子了解自己的工作和生活状态，对孩子是有正向的激励作用的。

第五节　基本生活技能方面的问题

孩子自理能力、自律意识差是现在的一个普遍性问题。因为家里孩子少，许多家长就把家务活大包大揽。其实，孩子小时候对什么事情都有兴趣，看见大人扫地，他们也想扫；看见大人择菜，他们也想择；看见大人洗衣服，他们也想洗。而大人的反应呢，往往都是“别给我添乱”“一边去玩儿去”。这也不让做，那也不准碰，慢慢地，孩子对做事情就失去了兴趣。等孩子大了，家长再让孩子做家务，他们根本就不想做，当然也做不来。衣来伸手，饭来张口，多轻松啊！懒惰是有惯性的。

还有一种情况就是，家长将关注点集中在孩子的学习上，认为孩子只要把学习搞好了就行，其他的什么都不用操心，根本就没有想过让孩子做家务。

让孩子从小做家务，是培养孩子学会做事的极佳途径，更是培养孩子动手能力的最好、最简单的方式。家长不让孩子做家务，实际上是剥夺了孩子成长的机会，这是很多家长没有想到的。

我在做家庭教育讲座时，听一位外婆说，她的女儿离婚了，便将外孙女交给她带。想到这个孩子的遭遇，这么小父母便分开了，她心里便很难过。于是，这位外婆加倍疼爱这个孩子，什么东西都送到这个孩子手上。当孩子三岁时，她发现这个孩子的手脚都不是很灵活，非常笨拙。她这才意识到自己的养育方式有问题。于是，她开始让孩子自己做一些力所能及的事情，慢慢地，孩子的情况有所改善。

在现实生活中，有的孩子读小学，甚至中学了，家长还在为孩子的吃饭、睡觉、作业操心，这就是让孩子错过了培养锻炼机会的后果。

若干年前就有新闻报道，孩子考上了名牌大学，却因生活不能自理而退学。这多么令人惋惜啊！

翔翔已经是高中二年级的学生了，学习上老师反馈给家长最多的就是这孩子努力程度不够。后来老师通过家访，与家长沟通，才了解到，原来翔翔在家中几乎没有煮过饭，没有扫过地，没有洗过衣服。家长只盯着他的学习，其他什么事情都不让孩子管。生活过得如此安逸，他怎会有动力努力学习呢？这样的孩子将来如何面对自己的人生，如何面对自己生活中的“柴米油盐酱醋茶”？

娟娟是一名国家招考的正式的中学教师，现在在一所农村初中任教。她工作比较努力，教学成绩也还不错。但是她的生活技能就不敢恭维了。首先看看她的办公桌，桌面上有教科书、学生作业本，有各种零食、衣服、茶杯，甚至还有几个月前学校文艺演出用过的道具，整个桌面凌乱不堪。她不会整理桌面，甚至都没有这样的意识。邻座的老师实在看不过去，帮忙整理了。但过不了多久，她的桌面又恢复到凌乱的状态。再看看她的寝室，床上任何时候都杂乱堆放着被盖、衣服、帽子等，几乎就没有整理过。暑假过去，秋季开校，她床上的棉絮由于没有收拾，早已发霉。开学了，要住了，她也不去收拾洗涤，而是挤到女同事的床上去休息。最后是女同事无奈，帮她把棉被拆下来洗了，棉絮拿出去晒干，然后再给她把床铺好，她这才回到自己的床上休息。可以说，娟娟除了工作上能基本胜任以外，生活自理能力非常差。工作几年下来，她已经三十岁了，至今依然孑然一身。可以想见，如果谁和她一起生活，就得当她的全职保姆，因为她什么都不会，似乎也不想会。有谁愿意过那样的生活呢？没有生活技能的娟娟，该如何幸福生活？

第六节　习惯方面的问题

有些孩子，吃饭不能好好吃，小时候吃饭东张西望，一边吃饭一边耍玩具，甚至家长还要追着玩耍的孩子喂饭；做作业不能专心致志，总是一边做作业一边看着电视，时间不多了，再去赶作业；玩完玩具就一扔，不管了，玩具总是乱糟糟的，从不知道整理；书包里放的东西乱糟糟的，要用什么东西，总是在书包里翻来翻去，老是找不到要用的东西；寝室内务都不知道整理，床头柜、床铺乱糟糟的，甚至被盖也不叠，屋子里到处是垃圾也不打扫。

这样的孩子怎能不让家长操心？这样的孩子即便外出工作了，家长也会不放心。这是因为孩子没有养成基本的习惯，不知道什么时间做什么事、该怎样去做。

前面说到的娟娟就是这样。由于小时候没有养成整理内务的好习惯，所以长大后她的生活质量、她的个人形象受到了很大影响。一个看似小小的习惯，却可以影响孩子的工作，甚至影响孩子一生的生活，这可能是很多家长没有想到的。

所以，孩子教育无小事，家长要做有心人。

也有的家长认为，孩子还小，不要太难为他们。殊不知，等孩子长大了，你就已经教不了他们了，一是他们不愿意听你的，二是习惯是有惯性的，要改变是很难的。不是说“江山易改本性难移”吗？等孩子长大了，要改变他的习惯，难度确实很大。当然，也有一种改变的可能性，那就是，他自己意识到了问题，自己想改变，自己去努力。这有赖于自我觉醒，但生活中这样的人不多。

所以，教育孩子要趁早，孩子越小越容易引导。

第七节　学习方面的问题

学习上没有目标，学习起来很被动，这是目前很大一部分学生存在的问题。老师不要求，他就不学习；老师不检查的作业，他就不会去做。回到家里，家长不督促，他就不学习。似乎是老师和家长要求他去学习的，有的孩子更觉得是帮家长读书。这种学习状态的孩子，有点浑浑噩噩、混天度日的感觉。

我在中小学校从教三十多年，对孩子特别了解。初中生，到初中毕业时，能把各个学科都学得比较好的也就百分之三十左右，而且还要是教学质量比较高的学校才能达到这个水平。老师除了认真备课、提供有保障的课堂教学质量、仔细批阅作业外，还需要跟踪辅导孩子。否则，很多孩子的学习任务就不能得到很好的落实。这就是孩子没有学习目标、学习被动的表现。

说到这里，很多家长就会想：老师该多进行理想教育。学校、老师在这方面做了大量工作，比如学校的大型德育活动，班级的各种主题教育活动，教室墙壁上的名人名言、科学家画像，都在教育引导孩子树立目标理想、努力学习奋斗，但效果并不是很理想。

其实，说到这里，有一个我们很多人都不是很了解的客观事实，那就是——“学校教育是家庭教育的延伸”。

过去我们都说，家庭教育、社会教育是学校教育的补充。其实不然，这样的说法并不准确。孩子从出生到六岁读小学，他的性格、习惯、品行、思维方式都已基本形成。这才是事实。让这些性格、习惯、品行、思维方式形成的老师，就是孩子的家长，包括孩子的父母、爷爷奶奶、外公外婆等陪伴他、影响他长大的人。家长对人的态度、说话的语气语调、语言的文明程度、品行都已映射到孩子的身上。

我在学校从教的三十多年中，处理过很多学生的问题。有许多问题较多但又不愿意承认自己错误的孩子，当通知他们的家长来到学校以后，这些家长首先表现出来的态度就是袒护自己的孩子（当然，他们觉得是在保护自己的孩子），这些家长认为自己的孩子没有错，都是别的孩子的错。你看，家长的表现与孩子的表现几乎是一模一样的，都不愿意面对自己的错误。这就是最好的例证。

这样的例子特别多，这样的问题具有普遍性。平时问题较少的孩子，当家长来到学校后，家长态度都很好，首先问老师，自己的孩子做错了什么，然后诚恳地接受老师的批评教育，并主动教育自己的孩子。这就是这些孩子问题少的原因，因为他们的家长，平时就敢于面对孩子的问题，并能及时给孩子指出来，孩子的问题得到了解决，所以，孩子身上存在的问题就越来越少了。而那些经常受到家长袒护的孩子，由于问题始终没有得到解决，所以，问题越积越多，最后，这个孩子就成了学校里的“问题学生”，准确地说应该是问题较多的学生。这是很多家长不明白和没有意识到的，同时也是对孩子贻误最大的问题。

回到孩子学习方面没有目标、学习不主动的问题上。究其根源，一是前面谈到的他们这一代人物质生活比较丰富，他们觉得一切都是那么容易，哪里还需要努力。二是家长的教育引导不到位，孩子们不了解真正的现实生活。其实现代社会竞争更大，更需要学习，更需要努力，更需要拼搏。没有理想和目标，将没有前进的动力和方向，不知道努力学习，最终可能一事无成。

第八节　意志品质方面的问题

现在不少孩子怕吃苦，遇到困难绕着走，面对挑战，缺乏坚强的意志力。

家长由于爱子心切，总是冲在前面，孩子不用费什么劲，不用克服什么困难。孩子没有克服困难的体验和经历，他们的意志品质无法得到磨炼。

我曾经与许多学生交谈，他们说努力了几次，成绩还是上不去，就不想再努力了。他们不知道只有积累到一定程度，由量变到质变，成绩才会上升。他们缺乏意志力，不能长期坚持，总想着立竿见影、一蹴而就，一旦没有马上看到好的结果，就随波逐流，不再努力。在坚持与放弃之间，他们更多的是选择了后者，怎么轻松就怎么选择。

第九节　兴趣爱好与嗜好方面的问题

在兴趣爱好和嗜好方面，一些孩子积极上进的兴趣爱好未得到发展，反而喜欢上一些不适合青少年的嗜好，比如打游戏、玩手机、抽烟、喝酒等。

积极上进的兴趣爱好，都需要有目标引领，都需要克服困难。什么容易呢？打游戏容易，被游戏带着走就行，跟着游戏的惯性走就行。积极的兴趣没有占领孩子们的阵地，抽烟、喝酒、玩手机等不良嗜好乘虚而入，因为孩子无所事事，才会用这些不良嗜好来打发时间。

这就需要家长在学生学习之余，引导孩子培养一些音乐、体育、美术、阅读等方面的兴趣爱好。音乐可以陶冶情操，体育可以强身健体、磨炼意志，美术可以让人欣赏美、追求美，阅读可以开阔孩子的视野。要用这些兴趣爱好占领孩子们的时间阵地、思想阵地。培养孩子们的兴趣爱好，不是一定要孩子们成为这些方面的“大家”，除非他有特别的天赋。兴趣爱好，可以丰富孩子们的学习生活，能让孩子在学习的过程中学会与他人相处，学会克服困难，拥有坚强的意志，更能为孩子们将来的生活、工作增添一份乐趣。成年人都知道，在紧张的工作之余，如果有一副好嗓子，如果会一两门乐器，如果篮球打得好，如果能够画出美丽的图画，那你的生活定会充满张力与色彩。孩子年少时的储备，终有一天会绽放。多一分努力，多一分付出，自然会多一分收获。这是大自然的规律。

第十节　人生定位方面的问题

人类社会就是一个地球村，人人为我，也要我为人人。在为他人服务的同时，才能获得自己的生存空间。许多孩子十分以自我为中心。因为从小家长只是一味地付出，没有教会孩子做力所能及的回应，于是孩子总觉得所有的获得都是理所应当的，所有人都应该围着他转。这种意识太强的孩子，将来很难在社会上立足。因为没有人欠你的，没有人有义务围着你转。

有的家长家里有什么好吃的，总是先拿给孩子吃，孩子要什么，即使不具备条件，即使牺牲家长自己的利益也要满足。孩子“以自我为中心”的意识就是被这样慢慢地“培养”起来的。只得到，只索取，却从没有过奉献，从没有过替他人着想、为他人服务。这样成长起来的孩子，将来眼界必定很狭窄，视野狭窄了怎会有大的发展呢？更不要说对这个社会有贡献了，这样的孩子可能融入社会都会碰许多“钉子”。

家长要教会孩子对别人的付出给予积极的回应。孩子小，不能做什么，但可以用语言回应呀；孩子大一些了，可以用力所能及的事情来回应。让孩子懂得为别人付出，为这个社会奉献力量，一方面能体现出自己的价值，赢得别人和社会的尊重，另一方面能收获快乐。有了这样的定位，孩子眼界才会开阔，人生空间才会有大的拓展，将来才会有大的发展，人生价值才会被释放得更大。

第十一节　自我管理方面的问题

自我管理方面的问题主要表现是自律意识差、自律能力差，缺乏自我管理能力。

现在不少孩子离开家长和老师的管理，就什么都不想做，什么都做不了。作业要管，吃饭要喊，做事要催，就连早晨起床也是家长喊了又喊。究其原因，与家长分不开。孩子小时候什么都管，那是他们还没有具备相应的能力，但是当孩子大一些，懂事一些，已具备了一定的能力后，家长仍然不放心，依旧不放手，继续掌控孩子的一切。孩子习惯了被掌控，反过来，形成了依赖。家长没有给孩子做事的空间和思考的余地，没有给孩子做决定的机会，当然孩子就没有机会学习自我思考、自我管理。这样的结果是，家长永远都有操不完的心，孩子永远都长不大。家长累，孩子不成熟。

慢慢地，家长开始埋怨孩子，孩子却不知所措。大家都说孩子不对，孩子不懂事。其实，问题在孩子，根源在家长。这样的结论，可能是很多家长没有想到的，甚至难以接受的。但这就是事实，这就是问题的本真。只有找到问题的本真，敢于面对问题的真相，我们才有可能去找到解决问题的办法和途径。这就是我后面要谈到的一个观点，要改变孩子，家长要先改变自己，家长改变了，孩子就会改变。

这样的孩子，这样的家长，这样的家庭，我们环顾四周，并不鲜见，让人揪心，让人叹怜，让家长和孩子一起成长才是解决问题的路径。

太多的关爱，使得孩子不知珍惜；太多的唠叨，使得孩子逆反对抗；太多的干预，使得孩子缺乏自主；太多的期望，使得孩子难以承受；太多的责备，使得孩子失去动力；太多的迁就，使得孩子不知约束；太多的在意，使得孩子要挟家长；太多的享受，使得孩子不知节俭；太多的满足，使得孩子缺乏快乐；太多的溺爱，使得孩子不能成长。

问题在孩子，根源在家长。

孩子出现问题，家长很是苦恼，总是怪孩子不听话，却很少想过孩子的问题与自己的教育方法有关系，很少从自己身上找原因。我们一起来分析分析吧，看看究竟是怎么回事，看看孩子的问题是怎么出现的，不好的习惯是怎么养成的。

因为只有知道原因，才能找对解决问题的方法和途径，方能对症下药，药到病除，事半功倍。

第二章　准备不足的家长：家长面临的现实问题

要当一个合格的医生，需要大学五年本科学习、三年硕士学习，最终取得医师执业许可证，然后才能从事医疗事业。教师需要取得教师资格证，通过考试，才能从事教育工作。律师也需要进行专门的法律知识学习，考试合格并取得律师资格证后，方能从事律师工作。就算是从事普通的电工、焊工、钳工等技术工作，也需要通过学习、实践，取得相应的电工证、焊工证、钳工证，方能从事相应的技术工作。

中国现在也已经进入汽车时代，几乎人人都会开车，是把汽车买回来，就可以随便开吗？当然不是，你必须通过专门的汽车驾驶学校的专业培训，通过交通管理部门的统一考试，驾驶技术合格后，再进行科四考试，再次进行道路行驶规则及相关法律法规测试，合格后取得驾驶证，方能上路开车。第一年还只能是实习期，实习期满后才能上高速路开车。可谓准入非常严格。

也就是说，各行各业都有准入标准，必须学习并具备相应的知识和操作技能后，方能从事该项工作。

可是当父母呢？几乎没有门槛，法定年龄一到，就可以结婚，结了婚，就可以生孩子，不少夫妻还没有准备好，甚至自己都还像个孩子，就在匆忙中成了父母。孩子的突如其来，面对孩子成长中的烦恼、问题，这些家长便感到手足无措，对孩子不同阶段的生理特点、心理特点几乎不了解，对孩子的成长规律更是一无所知，当然也就不知道根据孩子的成长规律来处理孩子成长中的问题，动辄吼孩子，甚至打孩子，用简单粗暴的方式管理孩子，孩子成长中的问题没有得到解决，反而导致孩子与家长关系紧张，本来可以自然健康成长的孩子，反而问题百出，本来可以亲密无间的父母子女关系，变得紧张，甚至对立。

家长对孩子的教育管理方式可以影响孩子的一生，对比前面谈到的各种技术工作，可以说技术含量更大，对人的影响也更深远。可以说家庭教育是一个系统工程。但是家长却可以不经过任何学习而匆忙地上岗，凭着自己的直觉、人生经验去教育引导孩子。对不对，不知道；好不好，更不知晓。

学习管理的人都知道，最难管理的对象是什么，那就是人，因为人具有思想，而每一个人的思想又都是不同的，甚至同一个人在不同的时候想法又各不相同。人的主动性与复杂性决定了对人的管理的难度系数是很大的。同样，对孩子的管理教育的复杂性和难度，可以说胜过任何一项技术工作。生活中，很多名人、成功人士，自己的事业极其成功，在某一领域成了具有影响力的人物，但他们的孩子成长得并不理想，甚至出现了严重的问题。

究其原因，在现实生活中，家庭教育工作并未受到应有的重视，往往还被忽视。

如何解决这些问题？这就需要家长充分认识到学习家庭教育知识的必要性和重要性。

我们只有通过学习，才能了解孩子的生理特点，了解孩子的心理特点，了解孩子的成长规律，掌握教育引导孩子的基本理念和方法，才能做有准备的家长，做有智慧的家长。

其实，孩子的教育就是我们人生最重要的事业之一。我们要像对待工作一样，不断学习，不断钻研，提升教育引导子女的能力和水平，让子女健康快乐地成长。

那要怎样才能做有准备的家长呢？

学生有九年义务教育，有高中教育，有大学教育。可是家长呢？并没有相应的专门的家长教育学校，也就不大可能坐下来专门学习家庭教育知识，训练家庭教育技能。因为，当家长了嘛，往往已经有自己的工作，有自己的生活了，从时间和精力上都没有条件像学生那样，坐下来学习家庭教育知识。

当然，随着时代的需求，现在也有一些家长培训学校，但是非常少。同时，年轻的家长们，或者即将成为家长的年轻人，也正是工作不久，需要在工作上百倍付出的时候，也很难抽出时间到专门的学校坐下来慢慢学习。因此，对我们绝大多数家长来说，利用工作之余的时间，自主学习应是最主要的方式。

那怎样自主学习呢？本书第三章将做详细介绍，让家长知道，在家庭教育方面，什么时间做什么事、怎么做。希望这本家庭教育方面的书能够成为家长自主学习的教材，给家长带来理念和方法上实实在在的帮助。

第三章　有效解决
家庭教育的现实问题，做有准备的家长

——家长从哪些方面培养孩子、怎样培养孩子

从无证上岗到持证上岗，需要系统的学习，并在实践中不断地总结。孩子在成长，我们也要成长，与孩子一起成长将是一个幸福的过程。

那家长要学些什么，自身要注意些什么，要怎么做呢？

我们需要培养孩子的基本素质；我们需要掌握教育、引导孩子的基本理念和方法；我们需要管理好自己的情绪、处理好夫妻关系，营造良好的家庭氛围，为孩子做好榜样。

那我们要培养孩子的哪些基本素质？我们要用什么样的理念和方法培养孩子呢？我们要怎样提升自身素养，才能用好这些理念和方法呢？

解决了以上问题，家长定能培养出优秀的孩子，并能和孩子共享成长的快乐。

一个人的成长需要具备哪些素质呢？

人的成长需要理想和目标的引领，需要品德作底线，需要好的习惯、坚定的意志品质、基本的情商、健康的身体做支撑，需要安全意识、安全知识、安全技能做保障。

理想和目标让人生有方向、有动力、有意义，让生命更有价值；良好的品德是做人的底线，能扶正人生的方向；良好的习惯是人生成功的保障，既可以提升人的素养，又可以提高做事的效率；基本的情商是处理好人际关系、家庭关系、工作关系的基础，也是让心灵平和的基石；健康的身体是成功人生、快乐人生的基础性前提，没有健康的身体其他什么都谈不上；安全意识、安全知识和安全技能能为人生保驾护航。

第一节　培养孩子良好的品质

在人的一生中，良好的品质是必不可少的，那么要重点培养孩子的哪些品质呢？

1. 拥有正确的是非观念

是非观念是规范孩子言行的标准、界线，要让孩子知道并确立“思想”和“行为”的边界，对的事情开绿灯，错的事情亮红灯。“不以善小而不为，不以恶小而为之。”道德和法律不允许的事情坚决不能做。家长一定要把握好这个原则，让孩子从小就树立是非对错的观念，对的事情鼓励孩子做，错的事情禁止孩子做。

这样孩子就能够控制自己的行为，以此为准则进行自我管理，走向正确的人生方向。

帮助孩子树立正确的是非观念，看似简单容易，所以一些家长并不重视，觉得对错我们还不知道吗。其实，正因为看似简单容易，所以在实际生活中，这个问题往往被忽视，最终成为家长苦恼而又做不好的事情。

20世纪80年代，我在一所农村初级中学当老师，住在学校的家属院里。这个家属院是一个青砖碧瓦的四合院，大家门挨着门，随时都可以串门。每当下班以后，大人们坐在院子里聊天畅谈，小孩子们在院子里嬉戏打闹，欢天喜地，其乐融融，从这家玩到那家。当时我们家里还没有小孩，平时买菜剩余的零钱就随手放在茶几上，没有人在意到底有多少，用的时候少没少也并不清楚。一天，四合院中的一位家长带着自己几岁的小女孩来到我家，归还她在我们茶几上拿走的零钱。这位邻居通过带着孩子归还零钱的事情，让孩子明白了不是自己的东西不能拿、不能要的道理，帮孩子树立了相应的是非观念，给孩子确立了相关的底线。这样，孩子将来再也不会去拿别人的东西了，这位家长就做得非常好。

可是，在生活中，我们也会见到另一种家长，当孩子从外面拿回不属于自己的东西时，并不太在意，认为是小东西嘛，没有什么。更有的家长反而说，我们的孩子真能干，都知道从外面拿东西回家了。这样不分是非对错的教育，会将孩子引向何方呢？我在学校从教几十年，每个年级几乎都会出现偷拿别人东西的孩子，这恐怕与家长的教育有很大的关系，家长应高度重视。

小明和妈妈一起逛街时，在玩具摊看到一辆小车，想要买。妈妈一看，哎呀，家里不是有一个一模一样的吗？不用买了吧。可是小明一心想买，不停地摆弄着小车，就是不肯挪动脚步。见小明不肯走，妈妈心想今天出门还有事情要办，于是心里烦躁，就吼小明："快走!"小明一下子哭了起来，但就是不肯走。妈妈十分烦躁，却又拗不过小明，干脆买了了事。矛盾冲突，以妈妈的妥协告终。

我们来分析一下整件事情。小明喜欢小车，所以只要一看见小车就想要，这其实是一种正常的心理活动。虽然明明家里已经有一个一模一样的小车了，再买其实就是浪费了，但是，因为小明年龄还小，缺乏自我控制能力，想买也很正常。可妈妈心里着急，再加上小明哭闹，最终妈妈用妥协让步解决了这个矛盾。

这样做的后果是什么呢？在孩子看来，只要我想要的东西，我坚持，我哭闹，妈妈就会给我买。这就给了孩子一个错误的信号，一个错误的解决问题的办法。其后果是很严重的，影响是深远的。将来，孩子可能只要愿望没有得到满足，就会以哭闹的方式来要挟家长。

这也就模糊了孩子的是非观念，家长的长期妥协让孩子认为他的想法、要求就是对的。孩子没有了底线，更没有了底线意识。他根本就不知道自己的想法、要求是否合情合理，是否正确，长此以往，孩子心中就没有了是非概念。这特别值得家长警惕。

当孩子用哭闹的方式逼迫家长满足自己不合理、不合情的要求时，家长一定要讲明道理，并坚持原则，守住底线。家长的态度要温和而坚定。培养孩子的底线意识，要从小事做起，慢慢地，孩子就会知道，不合理、不合情的要求，就算再怎么哭闹也没有用，孩子就能逐步树立正确的观念了。

有时候家长工作忙，就觉得没有时间慢慢给孩子讲道理。这样的想法导致了家长草率地处理问题。就算一时把问题解决了，却也带来了长期的模糊底线的问题。这并不可取。其实，只要家长静下心来，思考一下，分析一下孩子的要求，蹲下身来，与孩子交流交流，孩子也就明白了，可能事情也就迎刃而解了。很多事并没有想象中那么复杂，关键是家长要有这样的意识，并且要有耐心和决心。

孩子很会观察，往往在家长打麻将时，孩子就会去要钱，这时家长为了自己不分心，往往很爽快地就把钱给孩子了。像这种情况，家长要有心理准备，或事先跟孩子约定好，不要在这种情况下来打扰自己。当然前提是，需要有人照看好孩子。

还有一种解决问题的方式，那就是当孩子有什么要求时，让他能够说服家长，只要是合情的愿望、合理的要求，我们是可以答应他的。如果他自己都说不出合情合理的缘由，当然这个事情就作罢了，他自己也无话可说。这种方式，还可以锻炼孩子的思维能力和表达能力，让孩子学会表达自己的想法，学会与人交流。这对形成正确的是非观念是非常有帮助的。

在孩子的成长历程中，各种情况都可能遇到，家长只要有耐心，并因时、因地、因人、因情，运用正确的恰当的方式，相信都能很好地解决遇到的问题。平时，可根据实际情况，比如孩子遇到的涉及对错的事情，生活中、社会上出现的一些负面新闻，与孩子一起谈论，一起辨识，逐步培养孩子辨别是非的能力，让孩子沿着正确的人生方向稳步迈进。

有了正确的是非观念，孩子就能自己把握人生的航向，走向自己独立的人生，排除生活中或社会上的各种负面干扰。

培养孩子的是非观念的另一个简单而又实用的方法，就是肯定对的，纠正错的，讲明道理，正面指出该怎么做。这里要注意的是，发现孩子做了错事，不要老是埋怨、指责，这样只会让孩子不知所措，或者失去自信，或者产生逆反心理。要避免反面着力，反面着力不仅效果不好，反而容易导致孩子产生对抗心理。

这一点看似容易，但很多家长溺爱孩子，就是从模糊是非观念开始的。

每一件小事都是影响孩子成长的大事，孩子正是在小事中逐步形成对事物的看法，形成正确的是非观念。每一件小事对孩子来说都是大事，孩子面前无小事，教育无小事。等孩子长大了，很多观念都已经形成了，要改变就很难啦。

要说家长是非都分不清吗?

当然不是，即使有，也很少。那为什么我们在处理其他事情时能是非分明，而在处理自己孩子的事情时会模糊是非界线呢?

那就是情感模糊了我们的视线。

比如当我们自己的孩子出现错误时，我们有些时候会想，如果指出来，孩子会难受，还是算了吧。或者说这么小的事情，还是算了吧，没什么，将就他吧。就这样今天迁就一个小错误，明天放任一个小错误，孩子会觉得错的就是对的，因为得到了家长的许可。

一件一件小事的模糊处理，一点一点原则界限的放松放宽，逐步演变成放纵，到最后，孩子会在错误的道路上越走越远，变得无法控制。他不知道哪些该做、哪些不该做，家长没有指出他的行为哪些是对的、哪些是错的，所以，他没有树立思想和行为的边界。家长更没有教给他基本的判断是非的方法、界限，因此孩子总是做一些不着边际的事情，这时的家长反而会很苦恼，却又有心无力、无可奈何，不知道怎么会这样，更不知道该怎么办。

我们来分析一下，一开始家长就没有坚持原则，迁就错的，实际上底线已经被突破，孩子的思想、行为都失去了边界。是家长在原则问题上的让步，为孩子的成长埋下了祸根。将来孩子小则可能做错事，大则可能违法。违法了，法律绝不会迁就孩子，到那个时候就悔之晚矣了。

让孩子知道什么是对、什么是错，这是孩子健康成长的起点，必须引起家长的高度重视，家长必须从孩子的每一件小事做起，对孩子的每一句话、每一个行为负责。

不能放过生活中任何一个细小的错误，只要孩子出现错误，那就是教育的机会，家长决不能忽视。

历史上有很多这样的典型事例。这里讲两个关于明辨是非的小故事，帮助大家加深理解。

关羽拒绝了曹操赏他的高官厚禄，过五关斩六将回到刘备身边，获得忠义的美名。他认为“义”是必须坚持的底线，任凭曹操给他高官厚禄还是五个关口的将领守卫，他都没有动摇，毅然回到刘备身边。这就反映出他是非观念的边界，这也是后世人们景仰他的原因。

朱自清在生活极度贫困潦倒时拒绝了美国的救济粮，成为民主战士。在他心中，爱国是他的底线，不能突破，即便饿死也不能做有损国格的事情。

2. 懂得感恩

知道感恩，才会真切地感受到生活的幸福。人的成长离不开父母的抚养和教育，离不开老师的教育和引导，离不开亲人朋友的关怀和帮助，离不开社会提供的各种环境条件。所以，要让孩子明白，自己的成长是伴随所有人的付出而得来的。岁月静好，是因为有人负重前行。

当孩子吃饭时，我们要启发孩子，粮食是怎么来的？是农民伯伯辛勤劳动种出来的；当孩子穿新衣服时，我们要启发孩子，衣服是怎么来的？是农民伯伯生产棉花，是工人师傅辛勤加工，是服装厂的叔叔阿姨设计生产而得来的；当孩子玩玩具时，我们要启发孩子，玩具是怎么来的？玩具是玩具厂的师傅们设计生产出来的；当孩子向父母要钱时，我们要启发孩子，这钱是怎么来的？是父母辛勤劳动换来的。要引导孩子感谢这些为我们创造各种生活物资的人，感谢辛勤劳动而为自己创造各种生活条件的父母。

告诉孩子，当你跌倒时，是父母将你扶起；当你遇到难题时，是老师教会了你；当你遇到困难时，是朋友帮助了你；当你需要出行时，是社会为你提供了便利的交通条件；当你求知时，是国家为你提供了学校；当你需要工作时，是社会为你提供了岗位；当你需要住房、需要医疗、需要养老时，是国家为你提供了“五险一金”。

孩子懂得了生活、学习、工作条件的来之不易，才会知道饮水思源，才会拥有感恩之心，才会真切地体会到生活的幸福，才会心中有他人，才会产生社会责任感，才会融入社会，也才能为社会做出自己的贡献，实现人生价值，活出真正的自我、积极的人生。

历史上这样的故事很多，值得我们借鉴、学习。

包拯因为父母年老不愿随他去他乡，便辞官回家照顾父母。几年后，父母相继去世，在众乡亲的再三劝说下，包公才重新踏上仕途。包拯为了报答父母的养育之恩，专门辞官回家照顾父母，可谓感恩的楷模。

家长可以通过诸多事例，引导孩子以实际行动感恩父母、师长、亲朋，感恩社会。

3. 勤劳

学习知识是为了更好地做事，为了更有智慧地劳动。如果孩子没有养成勤劳这一优秀品质，那知识学得再好，也只是书本上的东西，理论不联系实际，就没有用处。

一分辛勤一分才。爱因斯坦说：“在天才与勤奋之间，我毫不迟疑地选择勤奋，它几乎是世界上一切成就的催产婆。”事实上，一个勤奋的人能够取得的成就必然比其他人要多。

俗话说："聪明在于勤奋，天才在于积累。"任何有成就的人，无一不是沿着勤奋之路走向成功的。我们不否认有的人有天赋，但只有天赋而不勤奋，天赋也无法使人成才。

纵观古今事业有成者，我们不难发现，一个人最终能否有所成就、为人类的进步做出较大的贡献，往往不是取决于天赋的高低，而是在于他的一生是不是勤奋努力的一生。

比如在日本被称为"经营之神"的企业家稻盛和夫的成功，其实靠的就是勤奋。这个成功其实就是他克服了一般人无法克服的艰辛而书写出来的。这里并没有捷径，他手里并没有"神笔马良"手中那只"神笔"，他拥有的是勤奋与坚毅。

作为父母，应该赏识孩子的勤奋和努力，这是让他们继续发扬这一优点的最好做法。在孩子的成长过程中，家长要更多地关注孩子的"态度和方法"，而不是只看重结果。要对他们的努力给予肯定、支持和鼓励，不要因为孩子一时的表现不佳而否定了孩子的才能。要知道，只有勤奋努力的人，才会在漫长的人生中成为最后的智者。

怎样培养孩子勤奋的习惯呢？

告诉孩子勤奋比聪明更加重要。不论自己的孩子聪明还是迟钝，都应该告诉他们，勤奋比聪明更加重要。勤奋才是面对学习、面对生活的正确态度。

和孩子一起制定一些比较容易达成的小目标，让孩子有成就感，进而更加努力。"笨鸟先飞"是给那些不够聪明的人的最佳启示，因为路途是一样长的，唯一的差别是速度，如果你比别人慢，那么就要比别人先起程，这是能和聪明人同时到达终点的唯一方法，有时或许还能比聪明人早一些到达终点。什么是捷径？这就是捷径。这个捷径，可能并不“捷”，但却是达成目标的好“径”。

强化孩子的勤奋意识。孩子的心智尚未成熟，不能坚持，父母要做的就是让孩子坚持下去。只有保持一贯的勤奋态度，才能在未来做出成绩，“三天打鱼，两天晒网”的态度实在是非常不可取，这也需要父母能坚持，因为好孩子可不是一两天就能培养出来的。

勤奋是成功的基石。

4. 吃得苦，抗得挫

这个“苦”，有生活中的苦，也有精神上的苦。人生不总是顺境，人总会经历一些困难和挫折，总会吃一些“苦”，这是人生常态。这就需要让孩子从小就有一些经历，有一些体会，当人生的“苦”出现时才能从容而坚定地去面对、应对，而不至于手忙脚乱。

有条件的家庭，可以带孩子到艰苦的地方去看一看，去体验体验贫困地区的生活，让孩子体悟到生活的艰辛与不易。没有条件的，也可以让孩子看一些相关书籍、资料、视频，了解、认识什么是艰苦，让孩子有这个概念，有这样的心理储备。将来如果遇到艰苦的环境，孩子也能从容应对，而不至于一遇到艰苦的环境就后退，甚至崩溃。

现代社会经济条件越来越好，但生存和发展的竞争却越来越大。现在，有的大学生，一遇到挫折就不能接受，一遇到考试不及格、失恋、人际关系紧张，就容易走极端。其实，这就是没有经历精神上的“苦”的表现。所以，这方面的教育不可缺失。

家长可以利用周末、寒暑假，带孩子去徒步，规划一定的路线，自己带自己的行李，当走到中途又累又饿时，鼓励孩子坚持下来，当最终到达目的地时，要问孩子今天的徒步累不累、苦不苦，孩子肯定会说又累又苦，但是结果呢？我们走下来了，到达了目的地，这说明了什么道理呢？遇到困难时，坚持坚持就过来了，困难就被我们克服了。有了这样的经历和体验，以后，当孩子在生活中、学习上遇到困难、遇到挫折时，他就知道坚持就能克服困难，就会勇敢地闯过去，战胜困难，继续向前。

当然，锻炼孩子的意志力的方式很多，比如一些体育竞技项目也是很好的锻炼方式，如乒乓球、羽毛球、网球、篮球、排球、足球等。尤其是游泳的学习过程能让孩子体会到，当自己要往下沉时，只要用力划水就会浮起来，就可以自己拯救自己。有了这样的经验和意识，孩子将来就敢独立面对困难了，就会知道怎样战胜困难了。

人生顺境时少，逆境时多，吃苦精神和抗挫折意识的培养就显得尤为重要，家长应高度重视，并有目标、有计划地去培养，为孩子的一生成长做铺垫、负责任。

下面来看看一些父母是怎么做的吧。孩子跌了跟头，碰破点皮，就心疼得不得了，就赶紧把孩子扶起来、抱起来。本来是孩子面临的人生坎坷，家长直接给他解决了，没有给孩子自己爬起来、自己克服困难的机会。更有甚者，还要对无辜的地面、门槛等发一通火，甚至狠狠地踩踏几脚，以此来消解孩子心中的不快，逗孩子乐起来。这样做会导致孩子长大后，经受不了失败与挫折，犯了错把责任推给别人，还会产生许多心理问题。这样的做法，会给孩子埋下许多隐患。

怎样增强孩子面对和战胜困难的能力呢？

首先，要提高孩子的认识，让孩子知道，一个人抗挫折能力的强弱，将决定人一生成就的大小。月有阴晴圆缺，人有旦夕祸福，古往今来都是如此。一帆风顺的人生难有，人生不如意之事十之八九。其实，人正是在饱尝苦痛、烦恼中，感受生命的喜悦和乐趣，体味人生的幸福。那些为人类做出过巨大贡献的人，都是克服了无数困难，经历了不可计数的失败后，才取得了成功，才为人类做出了突出的贡献，他们都有很强的抗挫折能力。

其次，树立挫折不可怕的观念。挫折不可怕，关键是看我们面对挫折时的主观态度。一是我们要敢于面对挫折，面对困难。二是要善于面对困难，开动脑筋，运用我们学过的知识，千方百计去寻求新的解决问题的途径。要相信，凡事都有不止一种解决方案。要引导孩子，打开思维，发掘自己的无限潜能，勇往直前，去解决困难，直至胜利。

一旦孩子懂得如何去做，所有困难在孩子面前都将不再是问题，而是他们发挥智慧和能力的机会，他们在困难面前将变得越战越勇，将来必定成为生活的强者。

5. 学会互助合作

当今社会是一个既有竞争又有合作的快速发展的时代，一个人单打独斗是很难取得大成就的。孩子不能只活在自己的世界里，心中要有他人，要有与他人合作的意识和能力。读书学习，需要互动探究；篮球场上，需要互相配合；遇到困难，需要相互帮助；人生成长，需要互相扶持。

一方面，家长要陪孩子一起做游戏、玩玩具，这叫互助合作；另一方面，要让自己的孩子多与其他孩子一起玩耍，让孩子在与其他孩子玩耍的过程中，体会、学会怎样与其他孩子互助合作、协调好关系。

我们看到现代社会高楼大厦在城市中林立，大型桥梁在沟壑间纵横，各种隧道在山脉中贯通。这些都是团队合作的结晶。一座高楼的建设需要地勘人员勘测地质情况，需要设计人员根据地质情况设计出地基的结构，需要建筑队进行施工，需要监理人员监督建筑用材是否符合设计要求、施工过程是否符合规范。一座大楼就是大家互助合作的作品。

其实，许多行业都是这样，都需要互助合作。现代社会随着技术的精进，行业分工越来越细，只有细分后的行业的精密配合，方能创造出完美的作品。我们国家的许多大国重器更是在众多科研院所、工程团队的共同合作中成就的。

所以，家长要从小培养孩子互助合作的意识和能力，方能帮助孩子将来更好地适应现代社会的要求。

6. 真诚待人处事

真诚是一种正确的做人态度。待人都用真心相待，以诚意相待，以真心换真心。人与人之间真诚相待，那么大家都会生活得自在、平和而又有安全感，就能有更高的生活舒适度和幸福感。反之，今天防着这个人，明天防着那个人，今天担心这件事，明天怀疑那件事，成天心都是悬着的，谁能踏踏实实地过日子。我想，这并不是人们向往的生活。

放眼现实世界，真正在事业上、生活中如鱼得水的人，往往是那些真诚待人、认真做事、活得简单的人。

所以，家长一定要从小培养孩子真诚的品质，教会孩子说真话、做真事。如果发现孩子撒谎，家长要及时纠正。

7. 善良为本

与人为善，是人类最优秀的品质。对身边人时时处处表达出善意，那一定能成为受欢迎的人。有谁不希望别人对自己好呢？有谁会把一个友善的人拒之于千里之外呢？

家长需要从小引导孩子，心中要有他人，有好吃的、好玩的要与大家分享，做事情要考虑别人的感受，家长从小就要在孩子心中播下善良的种子。一个人与人为善，别人自然与你为善，这样就能为自己创造良好的生活和工作环境，为幸福生活做好铺垫，因为善良能暖心，能融化坚冰。

善良的表现方式有很多种，如与人分享成果，主动帮助别人，凡事能为他人着想，等等。

也有人说，懂得共情才是最纯粹的善良。

很多家长根据自己的想法要求孩子，并没有了解孩子内心的想法，在不了解孩子的真实需求的情况下，家长就带着权威要求孩子、安排孩子、命令孩子。

家长一个最强大的内心依据就是——反正我是为你好！在没有与孩子共情的前提下，那是好吗？那其实并不是真正的善良，那是简单粗暴，那是惨无人道。这样说也许很多家长接受不了。我们换个角度想一想，作为成年人，如果有人成天让你做你不想做的事情，并且要求你非做不可，你会快乐吗？当然不快乐。

试想一想，你的孩子不就是这样吗？因为孩子对家长的要求是没有办法拒绝的，他是未成年人，还没有完全的民事行为能力，只能听从家长的安排。如果家长的安排不符合心意，不符合实际情况，你说孩子有多难受，有多痛苦。

所以，家长首先要学会善良，学会共情，主动了解孩子，多站在孩子的角度考虑问题，理解孩子，给予孩子需要的帮助。这样一定会改善亲子关系。

其实，生活中有不少善良之人之善举，值得大家学习。

比如有不少有善心之人资助了很多贫困大学生，让他们能够接受高等教育，进而改变生活轨迹和家庭的未来。这样的行为可谓善莫大焉！

可是，当受助者提出要与资助者见面，并表示感谢时，这些捐助者反而婉言谢绝见面的要求。他们就是不愿意给受助者造成心理上的压力，他们想让受助者和其他人一样，有尊严地活着，平等地去开创自己的人生。这就是共情，就是最纯粹的善良。这样的善良感天动地！

8. 有责任心，有担当

孩子玩了玩具之后，由孩子自己负责整理玩具，这就叫负责任。但很多时候孩子只管玩玩具，玩完了就不管了，剩下的都是家长的事。这给孩子造成一种错觉：我只管做我想做的事，烂摊子有父母来收拾。他不用对自己做的事情负任何责任，这样长大的孩子怎么会有责任心呢？怎么知道要对自己做过的事情负责呢？

一个有责任心的孩子，将来必然是一个有担当的人，无论是事业，还是家庭，他都将担负起自己的那份责任，成为事业和家庭的成功者。我想，这是每一个家长的愿望。但千里之行，始于足下，每一位家长都要从小培养孩子的责任心。

对自己负责任，就要做好自己的事情；对家人负责任，就要做好家人的事情；对社会负责任，就要做对社会有益的事情。

梁启超说：“凡属我受过他好处的人，我对于他便有了责任。凡属我应该做的事，而且力量能够做到的，我对于这件事便有了责任，凡属于我自己打主意要做的一件事，就是现在的自己和将来的自己立了一种契约，便是自己对于自己加一层责任。”这段话对责任感的描述可谓具体而又深刻，非常有借鉴意义，对教育引导孩子树立责任感也是很有帮助的。

阿贝尔·加缪是诺贝尔文学奖获得者，对家庭的责任心是他成长的精神支柱，是他成功的基石。他出生在一个贫苦的家庭，父亲早逝，母亲靠缝缝补补十分艰难地维持他们母子的生活。

小小的阿贝尔见母亲如此辛苦，疼在心里。小学毕业后，在他的反复恳求下，母亲同意他一边读书一边打工。他扫过大街，早晨要很早起来，拿着比自己还高的扫帚不停地扫地，还要赶在上学之前完成工作。后来小加缪又找到一份在饭馆洗碗的工作，虽然十分辛苦，但他一想到母亲的辛劳，就拼命地干活。

凭着这份对母亲、对家庭的责任心，加缪一边读书，一边打工，一直到大学毕业。凭着这份从小培养起来的责任心和刻苦勤奋的优良品质，他最终成为举世瞩目的大文学家，并获得了诺贝尔文学奖。

毫无疑问，加缪对妈妈的爱，对家庭的那份责任感，是帮助他走过那段灰暗日子的精神支柱，也是加缪最具光彩的人生财富。

责任是一个人成长的动力。对家人、对朋友、对国家的责任都可以成为我们奋斗的动力。成功的人不仅主动承担责任，他们还希望增加责任，以便激发更多的能力。

我们要多方面培养孩子的责任心。

首先，家长是榜样。在孩子品质的培养上，父母是第一任老师。著名教育家陶行知先生说："我要儿子自立立人，我自己就得自立立人。我要儿子自助助人，我自己就得自助助人。"同样，我们要培养子女的责任感，家长首先要为孩子树立榜样。

其次，要让孩子学会处理好自己的事情，让孩子学会自己的事情自己做。

最后，要让孩子明白和承担自己行为带来的后果。著名教育家茨格拉夫人说："必须教育孩子懂得他们不同的一举一动能产生不同的后果，那么随着时间的推移，孩子们一定会学得很有责任感的。"平时，父母教育孩子时，要尝试把孩子生活中的每一项责任都放到孩子自己身上，让他自己承担，比如当孩子遇到问题、遇到麻烦时，家长应该说："这是你自己选择的，你想想为什么会这样？”而不要对孩子说：“你已经努力了，是爸爸妈妈没有帮助你。”这看似一句话的差异，反映的却是观念的不同。这样帮助孩子推卸责任的后果是孩子会误认为自己无须承担责任，这对他以后的人生道路是很不利的。

孩子如果明白了自己行为带来的后果，并明确知道自己要为此负责，那么他就会懂得反思，他就会斟酌自己的行为。

责任感是孩子人生前进的动力，我们一定要让孩子学会自己的行为自己负责，自己的责任自己承担，而不要望子成龙心切，替孩子做事，替孩子担责。

9. 自省精神

自省，就是自己检查自己的思想、语言和行为，对自己做过的事情进行总结，既看到优点，更看到不足，然后发扬优点，让优点更优，改进不足，让自己的问题越来越少。其实，人的一生就是在不断学习、不断总结中成长。生命的意义和价值也体现在这个过程中。

所以，自省精神是一个人需要具备的重要品质。

一个人要寻求改变，自省是最强大的力量，自省是最便捷的途径。

当孩子做错事情时，家长可以引导孩子分析：为什么会这样？原因是什么？自己哪些地方做得不对或做得不到位？哪些地方需要改进？找到问题的根源，自然就能找到解决问题的办法。在家长这样的引导下，孩子就能慢慢学会自己反思，自己总结，形成自省的习惯。人生路上难免会做错事，难免会遇到难题，孩子只要学会了反思、总结，那么他就会找到解决问题的途径和办法，就能变问题为机遇，为自己的生活和事业带来转机。

通过这样经常性的反思，孩子学会了遇事多找自己的原因，多改变自己，少埋怨环境和他人。那么，孩子的思想将会不断成熟，行为会更加稳重，家长才可以真正放手。

可是，生活中往往会出现这样的情况：当自己的孩子与别的孩子发生矛盾纠纷时，有的家长总是责怪别的孩子，袒护自己的孩子。

小明和畅畅都是五六岁的孩子。他们经常在一起玩耍，这天他们各自踩着一个滑板车，在小区院子的空地上滑行，他们玩得很开心，比赛看谁滑得快。他们并排着，一只脚踏在滑板上，另一只脚用尽全力在蹬地，飞速地向前滑行，突然两人“嘭”地撞在了一起，小明倒在了地上，而畅畅滑行了一段稳住了重心，停了下来。小明躺在地上大哭起来，并责怪是畅畅撞倒了他。这时，小明的爸爸过来了，听小明这么一说，他也开始责怪畅畅：“你怎么能撞他呢？你看把小明摔得这么疼，把你的家长找来，你得负责任！”这时，小明也站了起来，身体并无大碍。

其实，两人玩得非常尽兴，相撞只是个意外，家长不分青红皂白就责怪他人，以为是在保护自己的孩子，其实这样做，对自己的孩子有害无益。家长这样做，孩子就不会分析具体情况，看问题就会失去客观性。发生了矛盾纠纷，怎么可能都是一方的错呢？上面的情形都是无心之过，要说责任，双方都有。如果长期这样，孩子的思想怎么会成熟？所以，家长也要多反思，多总结。

有反省，才有觉知；有觉知，才有觉悟；有觉悟，悟出了道理，人才会有进步，有成长，思想才会逐步成熟。家长要活到老学到老，并为孩子的成长做出示范。

10. 宽容

“金无足赤，人无完人。”世界上没有十全十美的人，这就是人的特点之一，所以我们要学会宽容别人。宽容别人其实就是原谅自己，因为宽容了别人，自己的心灵才能得到宁静。

在人与人相处的过程中，经常会出现不尽如人意的人和事，这可以说是生活的常态，所以宽容是人生必须具备的品质。否则，今天为这个人生气，明天为那件事伤感，内心终无宁日，那是多么恐怖的事情。

当孩子和小朋友玩耍时，难免出现矛盾，孩子开始往往会怪别人这里不对、那里不对。这时候，家长要引导孩子，别人犯的错误，你有没有可能也会犯呢？哦，孩子一下子明白了，错误人人都可能会犯，孩子学会了换位思考，他就会原谅别人，在原谅别人的过程中，他便学会了宽容。懂得了宽容，有了博大的胸怀，这样的孩子既能与别的孩子友好相处，又能活得“心宽体胖”。心中没有“气”，心中没有“恨”，自然有“诗和远方”。

雨果说过：“世界上最宽阔的是海洋，比海洋宽阔的是天空，比天空更宽阔的是人的胸怀。”要让孩子从小就有宽阔的胸怀，品德宽厚的孩子长大后才更容易成就非凡的事业。

很久以前，在一片大森林里，有一个叫阿布的人以打猎为生。他在长期的打猎生涯中发明制作了捕野兽的套子。他通过长期观察，能够发现些许野兽出没的踪迹，判断它们出行的路线，将套子安放在它们必经的路线上。所以，他几乎每天都有收获。

可是，有一天他去收套子时，发现套子上只留下动物脱落的皮毛，猎物已被人取走了。阿布很生气，怎么有人不劳而获呢？于是他用一片树叶画了一张很生气的脸，放在套子上。第二天，他去收套子时，套子上有人也放了一片树叶，上面画了一个圈，圈里面有座房子，房子旁边还画了一只正在犬吠的狗。阿布左看右看，就是看不明白这是什么意思。他想应该和这个人见个面，当面说清楚。于是他就画了一个正午的太阳，捕兽套旁边站着两个人。第三天中午，他来到这里，看到一个浑身插满野鸡毛的印第安人在等他。他们彼此语言不通，只能通过打手势来交流。印第安人用手势告诉阿布，这里是我们的地盘，你不能在这里安套子。阿布也打手势说这是我装的套子，你不能拿走属于我的胜利果实。两个人不停地打着手势，模样古怪，相互看得直乐。阿布转念一想，与其这样固执地争执下去多个敌人，还不如宽容一些多一个朋友，在这个森林里还可能相互帮衬，那该多好啊。于是他就大方地将捕兽套送给了那个印第安人。

后来，在一次打猎时，阿布遇到了一群狼，在无路可退时，阿布被迫跳下了悬崖。

他醒来时，发现自己正躺在印第安人的帐篷里，伤口上还有印第安人给他敷的药。

从此以后，他们就成了朋友，他们不仅一起打猎，还共同生活，生活变得更加开心、快乐。

宽容让阿布少了敌人，多了朋友，生活的道路越走越宽广。

相反，如果生活中我们太过计较，就有可能在社会上到处树敌，让生活处处充满荆棘，反而最终很难成功。

歌德说："人不能孤立地生活，他需要社会。"良好的人际关系，不仅能给人带来快乐，而且能助人走向成功，而宽容的品质则是建立良好人际关系的基石。在相互宽容谅解中求得共同的发展和进步，是成功者的必备素质。一个人只有具备了宽容的品质，才会懂得理解和尊重他人，才会有爱人之心、容人之量，成为识大体、顾大局的人。

家长应该如何引导孩子成为宽容的人呢？

第一，引导孩子学会主动适应环境，而不是埋怨环境。因为，很多环境因素，个人是很难改变的，唯有改变自己，主动适应环境。不能改变的，就要包容它的存在。

第二，要学会不苛求他人。

在人际交往中，人人都希望和谐融洽，然而矛盾和隔阂却是生活的常客。既然是常客，我们就要宽容地接待它，接纳它。尊重他人的个性、习惯是一种宽容，当别人表现出进攻的姿态时，能做到合理的谅解、忍让，则是更大的宽容。

当然，宽容并不是不讲原则，更不是一味忍让，而是以退为进。能宽容别人，在人际交往中保持性格的灵活性，是有益的交往态度。

第三，不要过于挑剔。"水至清则无鱼，人至察则无徒。"水太清了，鱼就无法生存；要求别人太严了，就没有伙伴。对人或物不可要求太高。如果一个人过于考虑每件事和某个人的不当之处，那么生活就会处处不尽如人意。没有什么事和人是尽善尽美的，人和事的那点“疵”，只要不是原则问题，就可以宽容。

第四，与人交往，学会求同存异，不要总是试图改变别人。

每个人的成长环境不同，生活经历各异，物质条件、文化修为千差万别，在一起相处时，意见不一致是极其正常的事情。

如果一个人总是对别人说三道四、横挑竖拣，那无论如何也处不好关系，哪怕是一家人也会产生矛盾。

还有的人，总想用自己的标准要求别人，这样也会让人产生格格不入的感觉。

我们既要尊重别人的优点，也要宽容别人的缺点，多改变自己的处世态度和行为方式，自然能和他人相处得融洽和谐。

第五，要学会既包容他人的不足，又赏识别人的优点。

宽容的前提是什么？是赏识！

对大多数人来说，容易的是容忍他人的不足和缺陷，困难的是发现和承认他人的价值。我们要乐于、善于发现他人的优点和长处。只有既能容人之短，又能容人之长，才能更显出胸怀的宽阔、人格的高尚。

第六，要宽容那些曾经有意无意伤害过自己的人。这样做虽然有些困难，但如果做到了，更彰显了你对人生境界的参悟。这是内心强大的表现，是思想的升华。

第七，学会放下，面向未来，去开启更美好的生活。

每个人生活中都曾有过被人嫉妒的苦涩，都遇到过不公的对待，都受到过委屈。我们要正确认识这样的事情，既然大家都会遇到这样的事情，说明这是生活的常态，是生活的一部分。有了这样的认识，我们自然会放下这些事情，去开启更美好的生活。

生活中的各种委屈与磨难，让我们的人生经历更加丰富、体验更加多彩，同时这些委屈、磨难也是对自己的磨炼。在磨炼中，人们往往会更加坚强，思想会更加成熟，更加珍惜自己拥有的美好生活。曲折的道路上，或许我们能看到更多风景。川藏公路被誉为最美的国道线，它婉转曲折，山地、高原、河流、雪山、草地、牛羊、蓝天白云呈现其间，各种风景尽揽其中。

所以，回过头来看，宽容与放下，正是我们成长的阶梯。

11. 分享

痛苦与人分享，痛苦会减轻一半；快乐与人分享，一份快乐就变成两份。

所以，从小培养孩子分享的品质非常有必要。有好玩的东西要与小伙伴一起玩，有好吃的要分享给父母长辈，分享给自己的小伙伴。乐于分享的孩子生活会更加快乐，也会交到更多朋友。在分享的过程中，孩子会学到与人相处之道、与人相处之乐，孩子会更加乐于分享，更加热爱生活。

“送人玫瑰，手留余香”说的就是这个道理。人生不能只是索取，给予越多，人生才越丰富，奉献越多，生命才更有意义。分享也是一种相互帮助、相互关心，对人生来说也是极其重要的。

所以，家长尤其要引导孩子学会分享。

12. 孝敬父母和长辈

父母是孩子的生养之人，长辈也是关心和帮助孩子的人，所以孝敬父母和长辈是伦理之常情。羊有跪乳之恩，人有思想和情感，更应懂得孝敬父母和长辈。

但现实生活中不孝敬父母和长辈的事情却时有发生。问题发生在孩子身上，但教育引导却是家长的职责。

首先，家长的榜样作用是第一位的。家长对自己父母的态度，直接影响孩子对你的态度，一个对自己父母不好的人，怎能奢望孩子对自己好呢？

其次，对孩子的主动引导也是非常重要的。不少家长认为，自己努力工作都是为了给孩子创造更好的条件，自己辛苦点没什么，至于孩子嘛，只要学习好，其他的都不重要，所以从不和孩子交流自己的工作。其实，这样会让孩子对生活一无所知，似乎生活在真空里，甚至成为生活的旁观者。如果家长能够经常和孩子交流自己的工作，比如自己在哪里上班，上班都在做些什么，几点钟上班，几点钟下班，上下班路上要多长时间，工作强度有多大，自己的身体感觉累不累，那孩子必定会感知到父母的辛苦与不易。这样，从小就让孩子知道父母工作、养家的辛劳付出，家长不用再说其他什么，孩子自然会感受和体悟到父母对他们的爱。

同时要引导孩子对父母的付出有所回馈。孩子还那么小，怎么回馈呢？力所能及就可以。对父母的付出与关爱用语言表达谢意；父母做家务时，和父母一起做；父母下班回家时，嘘寒问暖，给父母端杯水、倒杯茶。孩子从小有了这样的意识和行为，将来长大了必定是一个知冷知热的孝顺孩子。

尊敬顺从父母，当然能让父母高兴，但是每一代人都有不同的时代背景，价值观也在发生一些变化。因为社会在进步嘛，人们的观念必须随着时代进步、改变，与时俱进嘛。

比如父母辈的教育观念、消费观念，与年青一代差异很大。父母一辈的教育观念有些落后了，有些甚至是错误的，真的需要改变。再说消费观念吧，父母辈讲究的是量入为出，而年轻一辈则有了超前消费的观念和行为。量入为出，仍是我们要坚持的基本消费观念，但适度的超前消费，也是时代的要求。比如贷款买房、买车，既可以提前解决住房、出行的实际需要，又不至于让我们的现金流太过紧张，甚至还可以将余下的现金用作其他理财，让钱生钱，增加收入。同时，适度的超前消费还可以促使人努力工作。所以，在孝敬父母方面孩子要与父母多交流，尤其是思想上的交流，引导父母不断学习、进步，与时代同步。

又如，年青一代在处理妻子或丈夫与父母的关系时，也不能以“顺从”为基本原则，而应以“理”为基本原则。有的人，在家庭关系中不管伴侣对错，都一味地顺从父母，一旦发生矛盾，不分青红皂白就把责任都推到伴侣身上，最终导致夫妻关系紧张，甚至破裂。这其实也不是父母所希望看到的结果。所以，孝顺也要讲道理，也要以“理”为边界。

当然，这当中就需要子女多与父母沟通，其实，这也是年轻一辈的责任和担当，不仅要教育好自己的子女，还要引导父母成长，让父母体会到与时俱进的快乐，让父母享受到时代进步的馈赠，让他们也有获得感。

自古以来，孝顺父母的故事很多，都值得我们借鉴和学习，也可以用来教育引导孩子。

刘邦的第四个儿子叫刘恒，史称汉文帝。有一次，他的母亲身患重病，卧床不起。刘恒亲自为母亲熬制汤药。每次在母亲服用汤药前，他总是自己先尝一尝，看看汤药烫不烫，觉得合适了，才让母亲喝。在母亲生病的三年中，刘恒几乎天天如此。刘恒对母亲的孝顺，在朝野广为流传，刘恒成了汉朝有名的大孝子。刘恒对母亲有爱，同时也把这份情献给了百姓，他统治下的汉朝国力强盛，人民安居乐业。史书上将汉文帝与其儿子汉景帝统治的时期称为“文景之治”，这是中国历史上著名的盛世之一。

孝顺父母的孩子，在事业上也更易取得巨大的成功。

这在现实生活中也比比皆是。那些对父母不好的人，往往自己也过得不怎么样。即使物质财富比较丰富，但由于没有找到精神上的定位，灵魂无处安放，生活得也不快乐。

孝顺父母，在于平时生活中的一点一滴。如果与父母生活在一起，每天多陪父母说说话聊聊天；如果未能和父母生活在一起，每天或每几天给父母打个电话，父母就会非常感动了，而且是发自内心的感动。

父母生育了我们，并把我们抚养成人，并不是要我们一定能成为达官贵人。只要我们走正道，平时对父母真心地关爱，哪怕我们不能衣锦还乡，不能成为达官显贵，不能做出惊天地泣鬼神的大事，我们的父母在内心深处也是为我们自豪的。

13. 己所不欲，勿施于人

孩子在很小时，一切都靠父母照顾，客观上容易形成以自我为中心的思维模式，长此以往，将来孩子长大了，情商会很低，他会不能体会别人的感受，会常常将自己的想法强加给别人，与别人闹得不愉快。

所以，家长就要与孩子从情感、情绪上进行互动，把自己的感受告诉孩子，也让孩子把他的感受告诉你。而且从小就要开始这样的互动，让孩子知道自己感受不好的事情，就不要施加到别人身上，学会“己所不欲，勿施于人”。孩子学会了换位思考，学会了感受别人的感受，那么他将来的人际关系一定会处理得很好。

比如有的小孩子喜欢打人，大人就要告诉孩子，打到身上很痛，当他明白了被打人的感受后，下次想打人时就会收手了，打人的习惯也就慢慢改掉了。

14. 正确选择朋友

这算是品质的延伸吧，因为和什么样的人在一起也会对孩子的人品产生影响。

物以类聚，人以群分。近朱者赤，近墨者黑。与正能量多的人接触，会增加自己的正能量；与负能量多的人接触多了，就会产生许多负面情绪，影响自己的心境，甚至波及自己的生活和工作，幸福指数也会下降。

所以，教会孩子正确选择朋友十分重要。要让孩子懂得，遇到品质好、习惯好的人，可以多交流，可以发展其成为能深交的朋友；遇到品质有问题、习惯也不好、成天抱怨的人，就要疏远他们，与他们保持距离。与有理想、有抱负、努力拼搏的人在一起，孩子也会变得斗志昂扬、意气风发、奋勇拼搏。所以，与什么人在一起是很重要的。

曾有新闻报道，一所大学同寝室的几名大学生，本科毕业时全部考上了名牌大学的研究生。其实，这就是朝夕相处的同学相互影响、相互激励、共同奋进的结果。

相反，生活中一些孩子与不良少年混在一起，慢慢地这些孩子也容易受到影响，甚至成为不良少年。

孟母三迁给我们的启发意义是深远的。孟子的母亲感觉自己所处的环境不利于孩子的成长，为了给孩子选择一个好的成长环境，不惜大费周折，一次搬了家觉得还是不好，二次搬家也不理想，最终第三次搬家，方找到一个有利于孩子成长的环境。这说明与什么人为邻，和什么人为友，会影响一个人的三观，影响一个人的发展。慎重交友很重要。

孩子与什么人为伴，与家长对孩子是否了解、是否关心也有直接的关联。有的家长对孩子不了解，不关心，而导致孩子到外面去寻找心理安慰，就容易结交不良少年。

另外，家长对孩子的管理教育方式也是一个影响因素，如果家长的教育管理方式简单粗暴，也容易导致孩子到外面去寻求释放心理压力的场所。由于识别能力不够，孩子很容易误交不当的朋友或是被坏人利用。

所以，要让孩子学会选择朋友，要教给他们选择朋友的标准，同时，家长要多了解孩子，多关心孩子，要循循善诱，让孩子内心有一份宁静。心平气和的孩子自然会客观冷静地去观察周围的人和事，孰是孰非、孰优孰劣就能看得清楚明白。这样孩子自然会结交到品质好、习惯好的朋友。

15. 节俭

说到节俭，许多家长会觉得，这个话题是否已经过时，这样的品质是否已不重要。

殊不知，现在不少年轻人，有了体面的工作和不错的收入，但却是“月光族”，挣多少花多少，甚至透支、入不敷出，要结婚成家了，买房买车全依仗父母。实际上，这就是父母没有给孩子节俭教育导致的。

小张现在已快四十岁了，至今尚未成家。要说他的自身条件也不错，身高一米七几，月入过万。按理说他的条件十分优越，为什么至今仍孑然一身？原来，他有两个习惯，一是喝酒，二是打牌。发了工资，他就邀群搭伙，到饭馆喝酒吃肉。下了班他就呼朋引伴打牌消磨时光。他这两个习惯，既消费了钱财，又消磨了意志。所以，他工作了十多年，既无存款，更无存志。谁愿意和他一起过日子呢？他的家人为他操碎了心，但却只能怒其不争，恨其不奋。抬轿子的着急，坐轿子的不慌。他的家人拿他也没有办法。小时候能引导、能改变他时，家长没有用心，没有着力，等长大了，再想改变他就难了。这既是孩子的悲哀，更是家长心中的痛。

小张自己无法过上幸福的生活，他的父母身在农村，本指望着这个有出息的儿子，现在看来是望儿无望了。何其哀哉！

虽然说，现在物质条件是比较好了，但是并不意味着可以随意消费，甚至恣意浪费。铺张浪费的话，再多的物质也会被消耗完，再多的钱也不够用。小张就是典型的例子。

所以，家长要让孩子学会节俭过日子，有目标、有计划地消费。在花钱时，该花的我们不吝啬，不该花的我们坚决不花。

其实，很多富豪的生活很简单，吃普通的饭菜，穿普通的衣服，为我们做出了很好的榜样。而很多经济并不是很富裕的家庭的孩子，用钱却大手大脚，过着“富二代”一般的生活。

所以，节俭教育不是已经过时，而是刻不容缓。作为家长，一方面要为孩子做好榜样；另一方面要教会孩子量入为出，有多大的收入办多大的事情。该节约的地方要节约，“钱一半是赚的，一半是省的”。学会节俭，才能抵御风险，为创造未来做好充足的准备。

16. 懂惜财、理财

一说到金钱，许多家长会觉得难为情，总觉得跟孩子说钱不太好意思。“视金钱如粪土”的豪气说法，更反映了我们中国人看轻钱财的传统意识。这使得“金钱”被蒙上了一层神秘的色彩。

但是，现实生活却处处离不开钱，所以我们不应回避这个问题。其实，金钱代表我们的付出，所以我们要正视金钱。只要我们认清了金钱的本质，也就能很自然地“谈钱”了。要让孩子知道金钱代表什么，了解金钱是如何挣来的，体会赚钱的甘苦。同时要让孩子知道，生活中的各种日常用品都需要金钱来购买，让孩子认识到金钱的重要性。购买东西，其实就是人们付出的劳动的一种交换。在古时候，人们是用自己劳动的产品来进行相互交换，也叫“以物换物”。后来人们为了方便交换，才发明了货币，也就是“金钱”。明白了概念，谈钱就很自然了。

从小就要让孩子学会对金钱的管理使用，培养孩子的理财意识。这确实是一个不可回避的现实问题。孩子小时候不谈钱，长大了却让他努力挣钱，孩子当然迷茫。很多孩子长大了，却依然啃老。这不得不引起家长的深思。

既然金钱在人生中这么重要，那我们就要重视孩子的金钱观教育。

首先，我们要改变思想意识，将金钱教育纳入对孩子的教育内容之中。

其次，我们要用恰当的方法培养孩子的金钱意识。虽然金钱只是一个符号，但它代表的是人们智慧、技术、体力的付出。你付出多少，就收获多少。我们通过付出换来金钱，同时，用金钱换回我们需要的用品、用具、学习机会等。

我们可以通过一些具体的方式方法让孩子体验通过劳动的付出获得金钱。

比如打份零工，体验挣钱的甘苦。在假期，可以给机会让孩子帮一些公司到大街上发广告宣传单。一是体验风吹日晒的考验，二是感受别人不接受广告单的尴尬，三是体验广告单发完后的成就感。这样的体验，既能让孩子感受到挣钱的辛苦与不易，又能让孩子体会到成功后的喜悦感。这样的体验给孩子带来的收获是多方面、多层次的，能让孩子跳出温室，感受阳光雨露，经受风吹雨打，在以后的成长路上，孩子的脚步会更加坚实。

家长可以让孩子当一次小老板，做一次小生意。比如进点小玩具，或者进点简单的衣服，让孩子摆地摊售卖。家长可以事先对孩子做些培训，比如如何找合适的地段，如何宣传介绍自己的玩具，如何推销。摆摊销售时，家长可以在一旁观察，适时地给予指导。

邻居家的外孙女小月，在中学时期，利用寒暑假到街上摆摊卖衣服，几个寒暑假下来，怎么进衣服、进什么衣服、在什么地段摆摊、怎么售卖，所有门道尽在掌握之中。大学毕业后，她放弃了单位的聘用，专门做起了服装生意，因为她早就练就了能说会道的本事，同时，她特别善于根据不同人的身材、形象、气质搭配衣服，顾客来了总是能满意而归。她的服装生意从一个门店扩展到多个门店，几年下来，她的收入远超那些上班的同学。

寒暑假的偶然锻炼，居然成就了她的事业。

又或者让孩子当一次"家庭财政部部长"，将家庭一个月常规开支的支配交给孩子，给孩子充分的自主权。这样孩子就会计划，本月家庭需要用哪些东西，在什么时间购买，在什么地方购买，买多少。刚开始，可能会出现孩子自己喜欢的东西买多了，而家庭的必需开支又不够的情况。这时，家长不要着急和焦虑，哪里有一做事就能精打细算的呢？这正是孩子成长需要经历的。下一个月孩子自然就会调整计划，学会计划开支。这样的实践体验，一是能让孩子知道原来家庭一月的常规开支还真不少；二是能让孩子知道消费的轻重缓急，哪些是必须买的，哪些是可买可不买的，学会取舍；三是能让孩子学会有计划地开支，将来长大了，出去工作了，独立生活了，他就会知道对自己的收支做出合理的安排。

对孩子来说，他们需要给自己列一个消费清单，看看自己是怎么用钱的，用了多少钱。要让孩子将自己平时的消费记账，一周或一月进行梳理、总结。要帮助孩子分析自己的钱都花在了哪些方面，有没有不合理的地方，如果有，那么下一个月就进行调整。

这里给家长提供一个给孩子零用钱的方式，可以一周给一次，或一个月给一次，让他自己管理使用。如果提前用完，那这一周或一个月就没有了。如果有结余，结余归己。这样也能促使孩子，学会有计划地开支。

家长还要教会孩子将零用钱存进银行，初步树立理财意识。理财意识，在平时的生活中，许多人都是极其缺乏的，或者压根儿就没有。

其实，现实生活中，用钱生钱应是生活的常态。比如最简单的方法就是将钱存进银行。这样安全，但利息较低。如果能够学会一些基本的理财知识，学会一些相对稳妥的投资的方式方法，则可以利用余钱让自己获得另一份收入，比如投资基金、股票等。当然，后面这些投资方式，要让孩子成年后再操作，要对孩子进行一些专业培训，还要告诫孩子不能盲目投资，要学会控制风险。

第二节 培养孩子良好的习惯

良好的习惯是人生成功的保障，是提高生活、工作，乃至人生效率最有效的法宝。

为什么这么说呢？现在不少孩子学习学不好，事情做不好，都跟没有养成良好的习惯有关系。比如有的家长从孩子读小学一年级开始，就一直在操心孩子写作业的问题，天天都要提醒、催促。其实就是孩子没有养成良好的写作业的习惯，才让家长有操不完的心，这根紧绷的弦让家长一刻也不能松懈。一个写作业的问题就让家长疲惫不堪，还有诸多关于孩子的问题又该怎么办呢？其实，养成了好习惯，孩子自己就能解决写作业的事情，根本不用家长操心。所以，孩子的好习惯的养成既迫在眉睫，又真是能解决大问题。

养成了好习惯，才能更好地学习，更好地工作，更好地生活，才能更高效地提升学习、工作、生活的质量，同时让人生少走弯路。比如我们中国人的一天三顿饭，到时间就吃饭，好像很少有人把三顿饭给忘了，这就是习惯的力量。一旦养成了习惯，习惯自然就成了生活的一部分。习惯成自然嘛，既不会成为负担，也不会忘记。又如我的晨跑，已持续了二十多年，经常有人说我坚持得好，其实这个习惯已成为我生活的一部分。

有了良好的习惯，既能省心，又能省时，还能把事情做好。

有哪些好习惯需要养成呢？我们从学习、生活、性格、个人素质、做事等方面谈一谈有哪些习惯需要养成，怎么养成。

一、学习上的习惯

1. 在学校的学习习惯：孩子的学习大部分是在学校完成的，所以，孩子在学校的学习习惯的养成就显得非常重要

（1）预习的习惯：就是学生在老师讲新课之前，先自己学习新课的内容，进行思考、理解，勾出重难点，尤其是不懂的地方。这样上课时，就可以针对重难点和不懂的地方，在老师的指导下进行有效的突破，从而提高学习的效率和保证学习的质量。当然，预习时遇到不懂的地方，如果时间不待，就不要过多地纠缠，待上课时再解决。因为预习和独立自学还是有区别的。

其实，我从三十多年的教育工作经历中就真切感受到，学生在预习时，大部分知识点都是能学懂的，如果能预习好，学生上课就轻松多了，而且更能保证把该学会的都学会。同时预习的过程，还能培养学生的自学能力，让学生学会学习，可谓一举多得。预习时要准备好上课需要的学习用具，比如工具书、教材、练习册、草稿本、学习用具等。这样既方便上课使用，又可全身心投入学习中去。这叫不打无准备之仗。准备充分，必然胸有成竹，自信满满。

可见，做好预习，对学生的学习帮助是很大的。

（2）上课的习惯：课堂是学生学习知识的主阵地，让学生养成良好的上课习惯尤为重要。很多学生学习不好，就是上课的习惯不好，白白浪费了上课的大好时光。

上课必须养成哪些良好的习惯呢?

一是前面谈到的准备好上课要用到的书籍资料、学习用具，这样可以避免听课时因找东西而分散注意力。

二是专注。上课时要始终保持注意力的集中和专注，老师要求做什么，就全神贯注地去做相应的事，比如老师让看书时就要根据老师的要求看书，并思考和解决老师提出的看书时要完成的问题，而不要擅自和同学谈论；老师要求讨论时，便主动发表自己的看法，并与同学一起分析研判过程和结果是否符合逻辑，即是否有道理，是否完善而没有漏洞；老师要求做练习时，便专心致志、全力以赴，既追求正确率也追求速度，养成良好的完成作业的习惯；老师讲课时便要积极地跟着老师的思路边听边思考，切忌和同学交头接耳，因为有的孩子一旦有了自己的想法，便迫不及待地想和同学交流，想一吐为快，结果反而错过了老师讲的一些重要的方法或知识点，有的学生人在教室心在外，大脑在想着其他事情，这样当然无法学到知识。

一个学生上课时，如果没有准备好书本资料和学习用具，注意力也不集中，又不按老师的要求去学习，那么就学不好当堂课的相关知识。这堂课掉一点知识，下堂课再掉一点知识，久而久之，学习成绩慢慢就下滑了。

很多家长责怪自己的孩子说，同样的学校，同样的老师，同样的教材，相同的教室，你为什么就学不好呢？课堂上没有养成好的学习习惯就是一个重要原因。

（3）做作业的习惯：上课学习了知识，学懂了，但还要会运用，那么这个知识才会属于自己。做作业就是要达到这样的目的。

第一，孩子要明白这个道理，上课学习了知识，如果不通过练习来加以巩固，犹如半途而废。我们常说的，知识要过手，就是这个道理。

第二，做作业前要再温习上课学的知识，便于用学到的知识解决问题，知识熟悉了做作业就容易了，而且做作业的速度会更快，准确率会更高。这也就是我们常说的“磨刀不误砍柴工”。这一步显然很重要，但能做到这一步的学生却不多。原因是，许多孩子总想尽快把作业写完，总是拿起笔就开始写作业，认为先看书，是不是有点耽误时间。让孩子们尝试尝试就知道了，体会到“先看书，后做作业”的好处，慢慢地就会养成这样的习惯。

第三，要及时做作业，这样便于及时巩固所学知识，而不至于遗忘。不能老是推三阻四，等到后来所剩时间不多了，就只能应付了事，达不到巩固知识的目的。

第四，要做好写作业的时间安排。在学校要尽量利用好课堂上富余的时间多做练习，也要利用好其他时间，比如自习课的时间。回家后，要先做作业后玩耍，这一点尤为重要，既可以保证完成作业的量，又可以保障作业完成的质。

第五，做作业时要专心致志。这样孩子才会真正去思考，才会“过脑子”，才会对知识有真正的理解，进而通过练习达到融会贯通的目的，真正实现巩固知识的目标。有的孩子边做作业边看电视，作业倒是做完了，却没有过脑，虽有功却无用，这样做作业无法取得好的效果。更有甚者，一边做作业，一边玩游戏，或是看手机，这样当然就更没有效果了。家长要教育引导孩子，做什么就专心致志地做好。这件事做好了，再做其他事情。这样做一件成一件。否则，做得再多也只是浅尝辄止，目标并未真正达成。

（4）复习巩固的习惯：当知识学到一定的量，根据遗忘的规律，如果不复习，它是会被遗忘的，这是自然规律。所以，孩子要学会定期复习。根据记忆的规律，抓住四个时间节点进行记忆，学过的知识就能记得比较牢固。这四个时间节点是：第二天，一周，两周，一个月。

复习有两种方式，一是在完成了当天学习任务的前提下，安排一定的时间对前一天学过的知识再看、再记、再练，以加深印象、加深理解，达到熟练掌握的目的。

二是阶段性复习。一周结束，利用周末的时间，对本周学习的知识进行系统的复习；一个月结束，对本月的知识进行系统的复习巩固。这样一步一个脚印，在学习新知识的同时，实现对已学知识的复习巩固，稳扎稳打，那孩子的学习成绩就会平稳提高。这是因为旧知识是学习新知识的基础，旧知识巩固得好，新知识学起来会更容易、更轻松，这是规律。如果旧知识掌握得不牢固，就会影响对新知识的理解掌握，成为学习新知识的障碍，新知识又没有学好，知识点越掉越多，成绩慢慢就下降了。这也是部分孩子学习成绩慢慢下滑的原因之一。

这里分享一个关于记忆的小知识：狮子记忆法，饿的时候，走动的时候，寒冷的时候，记忆力最好。好奇心、感兴趣更容易让人记住信息，也就是说主动学习时更容易掌握知识。掌握的知识越多，好奇心也越强，二者相辅相成。产生情绪激动时，也容易记住知识，加入情绪、加入想象更容易记住。可以通过想象相关知识的场景，引起内心的情感起伏、情感共鸣，加深对知识的印象，从而记住相关知识。但是过大的压力会抑制记忆力，所以不要给孩子太大的压力。

（5）知识梳理的习惯：知识梳理不同于一般的复习，而是指当知识学到一定的量时，将知识的脉络梳理出来，形成知识树，也就是知识的框架结构。理出知识之间的逻辑关系，形成一个提纲，将有关联的知识联系在一起，形成知识框架体系，进而整体驾驭所学的知识。这样就会站在更高的高度把握所学知识，对知识的理解就能融会贯通，利用这些知识解决问题的能力就会大为提高。这是对知识更深层次的理解、更高水平的掌握，应对变化的题型或知识综合性运用的试题，能力会大为增强，甚至会游刃有余。这时孩子对知识的整体把握会有“一览众山小”的感觉。所以，对知识的梳理，会让孩子的学习“更上一层楼”。这个习惯的养成对孩子的学习会有意想不到的帮助。

（6）发现问题和解决问题的习惯：这对提高课堂学习效率和提升学习成绩非常有帮助，是最有效的学习手段之一。

一是在课堂上，孩子要学会发现问题，自己有不懂、不理解的问题，要有意识地去发现，并及时提出来，请教老师或同学，当堂解决，尽量做到不带问题下课堂。

二是在课后做作业时发现问题，首先尽量自己解决。解决的办法可以通过再回顾课堂上学习的知识，把知识理解深透了，问题自然就能解决了。如果还不能解决，就带到学校去，在老师和同学的帮助下及时解决，切忌让问题越积越多，最后导致成绩下滑，再来解决，难度就会大很多。

三是在每一次考试后，一定要抓住分析试卷的机会，特别是对错题的分析，找到出错的原因，然后根据原因解决问题。如果是审题错误，那就要进一步分析是否是因为紧张而没有看清楚题目中的一些要素，那么下次考试就要从容些、淡定些；如果是因为对词句的理解有误，那下次考试就要加深对题目语句的准确理解，也就是要读懂题意；如果是属于该识记的内容没有记住，那么就要梳理出那些该识记的内容进行记忆；如果是该理解的知识没有理解到位，那么就要去看书上相应的知识内容，再进一步理解；如果是在试卷分析时又能够做对这道题，那么就是对知识的运用还不够熟练，那就还应该多做一些相关知识的练习，以期能够熟练运用。

如果每一次考试后，都能分析导致错误的原因，并有针对性地进行弥补，那么知识缺漏就会越来越少，解题的方法就会越来越科学，成绩就会稳步提升。这是我在教学时总结出来的非常有效的方法。尤其是一些重要考试后，我会让学生逐一到我面前进行错题分析。只要全部学生到我面前过一轮，学科整体成绩就会明显上升。

这个方法非常有效，每次考试后的机会都要抓住。但是现实生活中，许多学生一考完试，一下子就放松了，觉得该轻松一下了，而忽视了发现问题的机会和找到解决问题的途径。这多可惜，这也是学习成绩优秀与一般的差异原因所在。试想，经常发现问题，并及时解决问题，问题自然就会越来越少，成绩当然就会越来越好。

孩子们如果在学校养成了以上学习习惯，对他们的学习会有非常大的帮助，会让他们的学习方法更科学，会提高他们的学习效率，提升他们的学习水平，增强他们的学习信心，助力孩子的学校生活。

2. 在家里的学习习惯

（1）首先要养成合理科学地安排好在家里的时间的习惯

孩子放学回家后，往往有比较多的自由时间，对这些时间进行精心安排尤为重要。安排得当，既能很好地完成学习任务，又能培养积极的兴趣爱好，还能有时间和同伴玩耍。

可以引导孩子学会定目标、列计划。如果孩子从小就能养成合理安排时间的习惯，有计划地做事，将来必定是一个生活、工作都井井有条的人，一个各方面效率都很高的人。这对孩子的一生都将产生积极的意义。

定目标、列计划并不神秘，家长只须适当引导，孩子很容易就能学会，但重要的是家长要有这方面的意识，并给予孩子及时的引导和帮助。

一旦养成了这样的习惯，对孩子的学习和生活都会有积极的帮助。同时，家长在孩子作业这一块就可以放手了。

（2）在家里养成学习的习惯

家里学习是学校学习的补充、完善和延伸拓展。前面谈到的预习、上课、作业、复习、梳理知识、发现问题、解决问题等学习环节，在学校没有完成的，都需要在家里继续完成。因为在学校，目前普遍采用的是集体授课制，学生自由安排的时间不是很多。回到家里，恰好都是自由安排的时间，正是弥补学校学习的好时机，所以，孩子在家里继续学习就显得尤为重要。

孩子首先要合理安排好在家的时间，然后就要有计划地去实施以上各个环节的学习，对学校学习进行补充和完善。如果时间允许，还可以在学习上进行延伸拓展，让自己的知识面更宽、知识的深度更远。倘若能做到这一点，那么孩子的学习就会落实得很到位。

记得读初中时，到了初三冲刺中考，学校组织学生住校，上早晚自习，以弥补白天学习时间的不足，并且有老师进行讲解辅导。我是 1981 年参加中考，那时中考就能决定人生命运，尤其是农村孩子，如果考得好，考上了中专或中师，就意味着“跳出了农门”“跃上了龙门”。那一时期的农村刚刚土地下户，正在努力解决温饱问题。

因为经济困难，我没有条件住校，也没有去学校上早晚自习，早晚自习老师的授课，我自然没有机会听。

每天下午放学，我便迈着急匆匆的步伐，急速地赶回家。回家后，先做一些力所能及的家务活。家务活做好以后，在煤油灯下，我开始自主学习，预习、复习、练习、梳理知识、发现问题、解决问题等等，每天如此。我和二哥同住一屋，几乎每天都是在二哥熟睡以后，我才上床睡觉。当然这个学习任务都是我自己计划安排的。初三这一年，利用晚上的时间，我把整个初中的知识系统地复习了一遍。

中考时，我们学校成绩突出，中专、中师上线四人，而我竟然考出了学校的最高分，超过了平时成绩一直十分优异的几位同学。大家都认为我是一匹黑马。跟同学相比，我少了早晚自习几个小时的学习时间，却考出了学校的最高分。

现在回想起来，我考出了好成绩，与我在家里养成的良好的学习习惯分不开。同时，在这一年的自主学习过程中，我不仅学到了知识，还有更多更大的收获，那就是学会了如何学习。

在工作以后，不管是教学工作、班主任工作，还是后来从事的学校教学管理工作，以及学校管理工作，我都能很快熟悉新的工作内容，找到新的工作方法和工作规律，进而按规律办事，很快在我从事的工作领域取得优异的成绩。所以，当年的自主学习，真是让我受益终身。我的教学成绩年年位列学区前茅；我的班主任工作深受学生的喜爱；我的班级班风正、学风浓，学生自我管理能力强。我从事学校管理工作以后，学校的各方面工作尤其是教学质量在全市也是位居前列。我和我的同事走出校门，在社会上倍受尊重。

在子女教育方面，我也是不断学习、总结，认识和了解孩子成长的规律，并按规律办事。女儿健康快乐地成长，小学、初中都是在我工作的学校读书，成绩在区域内都是最好的，高中考上了市内最好的国家级重点中学，高考名列全市第一名，顺利考上了清华大学，研究生时申请到了公派到美国留学的机会。

孩子除了要学习课本知识，还有许多东西可以学习，因为，人类几千年的文化传承，积累了大量知识、技能和思想，可谓博大精深。

所以，孩子在学有余力的情况下，还可以养成其他一些学习习惯。

（3）养成课外阅读的习惯

书籍是人类最宝贵的精神财富，人类几千年的文明主要是通过文字传承下来。所以，阅读是增长知识最主要的渠道，阅读的习惯应是一个人的基本素养。

一个爱阅读的人必定是一个知识丰富、见识广博的人，一个有修养的人，一个优雅的人。我的一位初中同学，后来成了一名面点师。但他一有时间就读书，几十年后同学聚在一起，他的言谈举止中透露出儒雅的书卷气，气质不输几位已经是老总的同学。这就是阅读的力量和魅力。

那么，怎样培养孩子的阅读习惯呢？

从最开始的有声读物、绘本，家长和孩子一起聆听、相互讲述，孩子从中增长了知识，激发了兴趣，必定对书本产生好奇心与喜爱之情。孩子识字后，能自己阅读，开阔眼界，更能从中产生归属感和获得感，进而对书本产生浓厚的兴趣，逐步养成阅读的习惯。也就是说孩子从小时候开始，家长的引导和陪伴是十分重要的，家长要当好领路人和伴随者。

同时，家长可以和孩子一起阅读，读同一本书，读完后，一起交流读书心得，这样对孩子的帮助会更大。

现在很多孩子写作文总觉得没有素材可写，一是生活经历少，做的事情少，缺少对生活的感知和理解；二是阅读的书籍少，见识少，眼界窄。

人总是一方面通过自己做事获得直接经验，另一方面通过阅读获得间接经验，以此拓展自己的知识面，了解更宽阔深厚的人生与社会，积累更多的生活素材。

人一生只能走一条路，但不同的人有不同的道路，社会上就有许许多多的路，通过阅读就能了解不同道路上的酸甜苦辣咸，了解和认识这个社会，理解不同的人生。如果我们在总结自己的人生经验的同时，又能借鉴他人的人生体悟，那我们的人生将会更加丰满。所以，阅读太重要了，应成为一个人终身的习惯。孩子从小养成良好的阅读习惯，定将受益终生。

上海一对父母通过阅读大量的子女教育方面的书籍，学到了丰富的关于子女教育的知识，打开了子女教育的思路，并结合实际，运用到自己孩子的教育上。

他们的孩子 5 岁时，说自己读过 20 多本思维书，里面有空间思维、记忆力训练、逻辑推理、计算练习、几何认知……

艺术方面，这位小朋友从幼儿园小班开始就是小主持人，从 4 岁半开始学钢琴，还一直坚持学街舞；2 岁多开始学习涂鸦，已经有 150 多幅作品了。

从幼儿园小班到中班，年阅读量从 100 本上升至 500 本，这一阅读量“秒杀”一众成年人。

这就是阅读的力量。家长从阅读中获得家庭教育的力量，孩子从阅读中获得成长的力量。

当然，这并不是说，每对父母都要这样培养孩子，但这个案例充分说明了多阅读总是有好处的，能增长见识，扩大知识面，尤其重要的是开放思维。“拿来主义”嘛，好的理念，适合自己的方式方法都可以借鉴，思维一打开，更多更好的方法自然接踵而至，喷涌而出。

自己去悟，自己去创新也是必要的。但如能多阅读、多借鉴，创新就会有更坚实的基础、更有力的支撑，就会进步得更快。

家长可以帮助孩子选择适合他们的书籍，帮孩子通过不断阅读，吮吸人类几千年的文明，丰富强大内心，成为素养高洁的文明人。

（4）培养学习兴趣爱好的习惯

孩子小时候对什么都感兴趣，是好奇心最旺盛的时期。只要孩子喜欢的，都可以让孩子去尝试，在尝试中找到孩子的兴趣点，进而专注地培养，定能让孩子拥有终身受益的积极健康的兴趣爱好。

在培养孩子兴趣爱好的过程中，如果是集体项目，孩子还能学会与其他人的相处之道，比如怎样合作、怎样竞争，还能交到朋友。同时，在学习的过程中，孩子也会有突破舒适区的难受的感觉，以及突破后的成就感。这样孩子就能体会到怎样克服困难、战胜困难，就有了抗挫折的经验。

记得一位清华爸爸在回忆自己培养孩子的历程时理出了一条清晰的体育锻炼线索，那就是从小培养孩子打羽毛球的兴趣和习惯，一直打到高中毕业，哪怕到了高三，周末也必定打一场羽毛球。这项兴趣爱好，既锻炼了孩子的身体，又让孩子养成了健身的习惯，同时让孩子在打羽毛球的过程中，磨炼了意志，形成了很强的抗挫折能力。孩子将这样的意志力运用到了学习中，勇于克服学习上的各种困难，最终以优异的成绩顺利考上了清华大学。

当然，培养兴趣爱好是为了给孩子打开更多的“一扇门”，让他们自己在其中尝试、摸索，发现自己喜欢的事情，并借着各种学习活动，增加他们生活的多样性。如果孩子对某些才艺没有兴趣，就不要强制孩子学习，否则孩子学得吃力、不开心，那就变成一种惩罚了，就失去了初心。要尊重孩子的特质，同时少拿自己的孩子与别人做比较，不同的孩子有不同的学习步调，也避免增加亲子双方不必要的压力。

重要的是让孩子养成学习的习惯，不断学习，不断成长，不断尝试新事物，能够如饥似渴地汲取生活中的每一滴甘露。

通过兴趣爱好的培养，拓展孩子的生活宽度和深度，增加孩子对生活的接触面，也可以让孩子的性格更加活泼开朗，能体悟和感知更多的生活内容，进而更加热爱生活、热爱学习。

二、生活上的习惯

生活上养成良好的习惯，让生活有条理、高效率，可以提高生活质量，增加生活的幸福感。

1. 用过的东西放回原处，养成物定其位、物归其位的习惯

什么东西放在什么地方，相对固定，用过的东西放回原处，这个习惯看似简单，但是很多人却未能养成这样的习惯，以至于平时总是丢三落四，出了门，才想起忘了带钥匙，没有拿手机。平时用了东西总是哪里用完哪里放，哪里顺手哪里丢。等到下次想用时，根本不记得东西放在哪里了，于是到处找东西，白白浪费了许多时间。这样的坏习惯，往往伴随了许多人一生，总是在忙乱中生活，过着无序的人生，这是多么悲哀的事情啊！到处找东西，既浪费时间，又影响心情，当找不到东西时，心里又急又气。可见物定其位、物归其位是多么重要，对生活的影响有多大。

其实，如果家长从小就注意引导和培养孩子，让孩子知道什么东西放什么地方，用过的东西放回原处，孩子可能很容易就养成这样的习惯，可谓事半功倍。比如孩子小时候可能拥有最多的就是玩具，那么玩具总体来说放在什么地方，怎样给玩具分类，哪类玩具放在什么地方，都是需要引导孩子去执行的。

物定其位分类时，由于孩子小，家长可以和孩子一起来分类分柜存放，然后引导孩子用后物归其位。这样，以后孩子想玩什么玩具，就到相应的柜子里去取，用完后放回同样的柜子。孩子大一些了，读书了，有了自己的房间。那么，孩子的学习用品，又需要专柜分类存放。孩子的衣服鞋帽也需要专柜存放。同样做到物定其位、物归其位。如果能做到这样，那么孩子的生活将会非常有序，他的主要精力就可以放到那些需要做的事情上，生活的效率自然会高，幸福感也会增强。

当然，家长的榜样示范作用也是非常重要的，如果家长用过东西总是乱放，那怎能苛求孩子把东西放好呢？所以，要求孩子做好的事情，家长要带头做好，起到示范引领作用。

孩子如能养成这样的习惯，不仅会提高生活效率，将来更会成为生活和工作都有序而又严谨的人。一个有条理的人，会把生活工作的方方面面都打理得有条不紊，生活和工作都会游刃有余、轻松自如。

小芬家的大门安装的是传统的机械门锁，单元门用的是小钥匙，她还有单位办公室门的钥匙、办公桌抽屉的钥匙一大串。出门后，有时提在手上，有时放在包里；回家开门后，随手一放，有时放在鞋柜上，有时放在餐桌上，有时又放在茶几上，或者丢在沙发上，总是没有固定的地方。每次出门时到处找钥匙，几乎成了她每天的功课。家里人提醒过她很多次，她总是不放在心上，如果再说她这样做不对，她反而会生气，于是大家也不再勉强她。一次下班后，同事朋友约在外面吃饭聊天，回家后已经很晚了，一到门前找钥匙，一摸包里，没有，她这才想起早晨出门时忘了拿钥匙。家里人又到省城去了，自己又不会开车，于是只得请朋友开车送她到省城去拿钥匙，油钱、过路费、时间浪费不少，而且回来时已经很晚了。

一个自己稍微下点功夫就能养成的好习惯，就能解决的问题，但小芬却不愿去花这点功夫。

这样的情形，恐怕不只小芬一个人遇到过。生活中这样的情形不少，有不少人都是这样随性地生活着。人要敢于面对自己的问题，勇于解决自己的问题，对自己要有要求，要有一个学习的心态。

有人说："那些人生的道理我都懂，可我就是过不好自己的人生。"其实在很大程度上，这就是没有好习惯造成的，但他们却不自知。

2. 整理好寝室内务的习惯

这个习惯也将伴随孩子一生，所以也很重要。家里的东西，用过之后，它的形态、位置总会发生变化，如果长期不整理，就会变得乱糟糟的。尤其是寝室内务，需要随手整理和定期整理。比如每天起床后，床铺需要随手整理好。床头柜、书桌等家具需要定期整理，地面也需要定期打扫。要让自己的寝室，随时保持干净整洁有序。干净整洁有序的寝室，能折射出主人有序而又有质量的生活。孩子养成了这样良好的习惯，他读书了，他的桌椅也会收拾得整洁有序；他工作了，他的办公桌、办公室也自然会整理得干净整洁有序；他成家了，他的家里也会窗明几净。一个能处处做到干净整洁的人，自然会是一个积极向上的人、一个有追求的人。相由心生嘛。

同事小娜就是因为从小没有养成整理内务的习惯，参加工作了，也不会好好收拾整理自己的办公桌，她的办公桌给人的直观感受就是"脏、乱、差"。书、本、笔、零食、衣服等各色物品杂乱地堆满了桌面，给同事们留下了非常差的印象。

大家试想，一个连自己天天使用的办公桌都不愿意收拾整理好的人，生活的其他方面她还会收拾整理得好吗？

所以，从小养成收拾整理好寝室内务的习惯是多么重要。

3. 按时作息、规律生活的习惯

按时作息，规律生活，既关乎人的身体健康，更影响一个人的精神状态。

现在，不少孩子晚上老是不想上床睡觉，而早晨又老是赖在床上不想起来。睡觉、起床这样极其自然的事情，竟然成了父母非常头痛的事情，想来有些不可思议，但却又是不争的事实。

怎样才能改变这样的现状呢？

读书期间，几点上床睡觉，几点起床，应根据孩子的情况，同孩子商量，然后固定下来。孩子根据约定的时间，自己按时睡觉，按时起床。周末的作息时间也可通过商量相对固定下来，让孩子自觉遵守，并养成习惯。

这样，孩子每天的生活就非常有规律，对身体健康非常有好处。由于生活有规律，人的精神状态也会很好。养成了这样有规律的生活习惯，对孩子一生都会有积极的意义。

同时，因为孩子也参与了作息时间的制定，他会觉得这是他自己的事情，所以会主动遵守，在这个过程中，孩子的自我控制能力得到了培养，孩子逐步有了自律意识和自律能力。

生活规律，还包括孩子放学回来后到晚上的时间安排，以及周末安排。这些都可以和孩子商量，做出大致的安排，让孩子无论是读书，还是节假日都能做到按时作息、生活规律。

阿畅是小学三年级的学生，每天晚上做完作业就去洗漱，一切都很正常。但是上床后，他却总要玩一会儿手机，有时候一不小心就玩到了深夜，导致睡眠不足，早晨不想起床。晚睡时，父母提醒他不要玩手机，他还振振有词地说："我已经够努力了，已经很辛苦了，让我看一下手机，放松一下不可以吗？"这个要求看似不过分，但他却抵挡不住手机的诱惑，时不时玩到深夜，既打乱了生活的规律，又因睡眠不足，白天的学习效率大为降低，影响了学习成绩。

遇见这样的情况，家长要给孩子讲明道理。其实，孩子打乱了作息时间，自然会感受到睡眠不足给自己带来的精神上的困顿，以及学习上的困扰，家长只须引导孩子觉知到这样做的后果，他自然就会调整自己的认知，严格作息，生活规律起来，每天都保持良好的状态。

4. 主动做家务的习惯

现在许多孩子，不愿做家务，也不会做家务。

所以，家长要改变观念，让孩子从小就开始做力所能及的家务，培养孩子的动手能力，比如扫地、洗衣服、择菜、煮饭、洗碗等。

家长要让孩子明白，自己是家庭的一员，不能只享受权利，做家务是应尽的义务。

不是有这样的说法："天下之道，论道至极，还是柴米油盐。"孩子学本事是为了更好地生活，所以不能脱离生活。那种"孩子只要把学习搞好，其他什么都不用管"的想法和做法是一定要改变的，否则，就是剥夺了孩子成长的权利，而且可能导致"孩子学到了知识，却不知道怎么生活"。

孩子小，不能到社会上去做更多的事情，做家务就是孩子学做事情的最好渠道。家长一定不要浪费这个锻炼孩子动手能力的机会。孩子用些时间做家务，并不会耽误他们的学习。

记得我在读初三时，多数同学都去学校住校，上早晚自习，将所有时间都用到学习上了。我每天上学、放学要花去一个小时左右的时间赶路。每天下午放学回家后，还要做一项固定的家务，那就是挑一缸水。我家离水井比较远，家里水缸也比较大，要来回走四趟，才能挑满一缸水，大约需要四十分钟时间。把水缸装满水以后的时间才是我学习的时间。当年中考，我却考出了全校的最高分，比第二名高出二十分，顺利跳出了那时所谓的“农门”，吃上了在当时非常令人羡慕的“国家粮”。可见，适当地做一些家务，并没有影响我的学习。

所以，家长要解放思想，大胆地让孩子做家务，动手与动脑相结合，反而会互相促进。

5. 良好的饮食习惯

人要健康，饮食是最重要的一环。良好的饮食习惯，包括正餐好好吃、少吃零食等。我国经济快速发展，物质生活非常丰富，各种零食、小食品琳琅满目，什么味道的都有，对小孩子的味觉充满了诱惑力。孩子们爱吃零食，但零食里往往添加剂、色素较多，除了满足孩子的味觉，对孩子的健康没有什么好处。所以，要教育引导孩子以正餐为主，少吃零食。

有的孩子，一到正餐总是推三阻四，不想吃饭。这时，家长要与孩子约法三章，正餐不吃好，什么吃的都不提供。这对孩子的健康是极为重要的。只要家长坚持原则，这个好习惯还是容易养成的。这对孩子的终身健康都是有益的。

现代社会中，有的孩子长大了，工作了，却懒得自己煮饭，经常吃泡面，什么方便吃什么，一点不讲究营养与健康，年纪轻轻肠胃就出现了问题，要么出现肥胖现象，要么出现营养不良的状况。孩子工作了，家长还在担心、操心孩子吃饭的问题。究其原因，其实就是没有养成良好的饮食习惯。身体是革命的本钱，其中良好的饮食习惯又是健康身体的基础。所以，对一日三餐不能草草了事。

在孩子小的时候，就要对零食有所限制。购买食品要买营养丰富、含糖量偏低、脂肪偏低的品种，并注意各种营养的搭配。

现今社会出现了一种现象，应引起家长的注意，那就是肥胖儿童增多。有一方面的原因是爷爷奶奶辈带孩子的较多，他们那一代人年轻时，物资还比较短缺，所以他们总希望自己的孙子辈能尽量多吃，结果导致孩子营养过剩，从而出现肥胖。

巧巧的父母常年在外打工，孩子由爷爷奶奶照看。每次吃饭，奶奶总是对巧巧说，多吃点，多吃点肉。慢慢地，巧巧食量越来越大，而且每餐吃饭总想吃肉，加上巧巧一直不爱运动，要么坐着看电视，要么坐着玩手机，这孩子越长越胖，到六年级时，一米六的巧巧体重竟然达到了一百五十斤。后来巧巧母亲回到家附近打工，每天回家，就叮嘱巧巧少吃肉，可是妈妈一离开餐桌，奶奶急忙让巧巧快吃肉，所以巧巧总是瘦不下来。

还有一个原因是西方快餐的流行，西方快餐往往脂肪含量、糖含量较高，吃多了自然长胖。

年轻的父母要向孩子的各级长辈普及营养学知识，一起引导孩子均衡膳食，让孩子吃出健康的身体。

现代社会，饮食业越来越发达，饮食的品种越来越丰富，家长要教育引导孩子不挑食，各种蔬菜水果、肉食都可以品尝，但主食又要有所选择，要选择那些对身体健康有益的食品。这样既能兼顾身体健康，又能丰富食品的多样性。

吃既是身体机能的需要，又是品尝美味佳肴的享受，要让孩子乐于吃，又要吃得健康、丰富、多样。

6. 讲卫生的习惯

讲卫生对人的健康和形象都是很重要的。俗话说“病从口入”，如果卫生习惯差，容易导致身体生病。如果衣服穿得脏兮兮的，也会严重影响个人形象。

卫生习惯包括个人卫生习惯和环境卫生习惯。个人卫生习惯包括勤洗手、勤洗澡、勤洗头、勤剪指甲、勤换衣服、勤洗被褥等。环境卫生习惯包括勤打扫自己的寝室卫生等。

当孩子逐渐具有动手能力以后，家长就要引导孩子吃东西前，一定要先把手洗干净，并要教会孩子洗手的方法。养成了习惯，就会成为自然，以后就不用家长再操这方面的心。随着孩子慢慢长大一些，孩子可以自己洗澡、洗头，要么是定期洗，要么是脏了就洗。衣服、被褥也是如此，要么定期更换，要么脏了就换洗。现在都有全自动洗衣机，很是方便，只要孩子养成勤换洗的习惯就好。这样就能逐步让孩子养成讲究个人卫生的习惯。

孩子不仅要养成个人卫生习惯，又因为孩子还生活在一定的环境中，培养孩子良好的环境卫生习惯也很重要。首先从孩子自己生活的小环境开始，孩子小时候家长要打理好他们的生活环境。当孩子大一些了，自己有动手能力了，就要教育引导孩子自己动手，打扫环境卫生，比如自己寝室的地面卫生、桌面卫生、床面卫生，还包括擦拭玩具上的灰尘等。待孩子再大一些了，孩子就可以和家长一起清洁家庭环境卫生了。

孩子在养成个人卫生、环境卫生习惯的过程中，他们会体会到归属感和价值感，他们会感觉到自己就是家庭的主人，能为家庭做一些事，并为把事情做好而感到自豪。

一个人养成了良好的卫生习惯，那么他就能随时都有健康、靓丽的好形象，随时都处在干净整洁的环境中。这对形成积极健康的心态也是极有帮助的，对孩子未来的家庭、事业都会起到积极作用。

相反，如果一个孩子经常穿得邋里邋遢，生活在脏、乱、差的环境里，既会对他的身体健康造成威胁，同时也会导致他的精神萎靡不振。

所以，好的卫生习惯，家长要从小培养，孩子越小越容易培养，一旦养成了习惯即会陪伴终身，家长何乐而不为呢?

7. 锻炼身体的习惯

良好的饮食习惯和卫生习惯，能为孩子的身体健康打下良好的基础。积极的锻炼将为孩子的身体健康起到良好的促进作用，这是全民共识。国家为此也制订并启动了全民健身计划，足见锻炼对身体健康的重要性。

现在食品丰富，孩子不缺营养，但大量的食品摄入，却让许多孩子营养过剩，儿童的肥胖率不断攀升，这必须引起家长的高度重视。孩子要拥有健康的身体，一方面需要注意营养均衡，另一方面就需要体育锻炼。

体育锻炼不仅能强身健体，而且能让一个人精神状态良好，充满阳光与朝气。

锻炼的方式很多，打乒乓球、打羽毛球、打篮球、踢足球、游泳、跑步、武术、跆拳道、滑冰、舞蹈等。要让孩子动起来，现在很多孩子，成天坐在家里，一边吃零食，一边看电视、玩手机，就是不想运动，怎么会不长胖呢？

如果能让孩子从小养成锻炼的习惯，将极大促进孩子的身体健康。在锻炼的过程中，孩子的合作精神、竞争意识都将得到锻炼，一举多得。

培养的方法很多。如果家长有时间，可以和孩子一起锻炼。如果家长比较忙，可以把孩子送到专业培训机构学习、锻炼。孩子一旦有了兴趣，坚持下来，自然就养成了习惯。

养成了锻炼的习惯，孩子的身体会更加健康，孩子少生病，每天的精神状态也会更好，对他的学习、做事都会有帮助，甚至对他的智力发展都具有促进作用。长期的锻炼对人的益处是全方位的。

我们每个人都应该养成终身锻炼的习惯。投资健康，让自己的身体在什么时候都好用。看看钟南山院士，八十多岁了，身体健硕如青年，仍能为国家、为人民的医疗卫生防疫事业做贡献，这就是长期坚持锻炼的结果。他不仅身体健康，而且精力充沛，精神状态极好。有了这样的状态，他就可以做他想做的事情，做他能做的事情。钟南山院士就是全民的典范。

家长和孩子们都运动起来吧，锻炼之后，会有惊喜等着你！

8. 思考的习惯

如果说身体是硬件的话，思想就是指挥硬件的软件，就是操作系统。所以，思考的习惯对一个人的成长乃至一生都是至关重要的。

随着时间的推移，孩子会一天天长高，那是身体的成长。前面我们谈到饮食习惯、卫生习惯、锻炼习惯，都是为了促进孩子身体的健康成长。身体健康成长了，思想成熟没有呢？

现代社会，思想的成熟、心理的健康越来越受到关注和重视。有的孩子身体长高了，但心理还停留在孩童时代，遇事很冲动，目中无人。

所以，如何让孩子身心一起健康成长，就显得尤为重要，需要家长高度重视。

让孩子养成思考的习惯就是让孩子思想成熟的有效途径。

培养的方法很多，比如孩子遇事，家长多和孩子探讨，而不是直接告诉他答案。在探讨的过程中，孩子慢慢学会了思考，学会了分析问题，学会了解决问题。以后遇到事情，孩子就会自己分析、思考，能解决的问题，他自己就解决了。

比如我们可以通过提问题引导孩子学会思考，尤其是提一些开放式的问题：你觉得怎么样？你有没有什么好的办法？开放式的提问有助于帮助孩子思考。

引导孩子学会思考，生活中的事情要思考，学习上的事情要思考。如何处理人与人的关系要思考，如何处理人与物的关系要思考，如何处理人与事的关系要思考，如何规划自己的人生目标要思考。每天、每周、每月、每年都要有思考的时间，不仅要埋头做实事，更要抬头看未来。实践，总结，提升，再实践，再总结，再提升。总结就是一种既具体又深刻的思考，在总结的过程当中，思想往往能够得到升华，人的认知往往能够上层次，正所谓高屋建瓴。这样人生才能真正成长，最终有所建树。这里说的总结，就是思考的过程。

有的人脾气不好，经常暴脾气，还振振有词地说："我就这脾气！"殊不知你的坏脾气，都是你身边的亲人朋友为它买单，当你发脾气时，他们承受的痛苦与难过你可曾知道？你可曾体会？不思考导致一辈子没有改变，一辈子没有进步与成长。坏脾气只会让亲人朋友的心离你越来越远，最后只有孤独伴你左右。所以，教会孩子思考有多么重要。

孩子学会了思考，他的思想就会一天天成熟起来。身体长高了，思想成熟了，身心健康成长，这才叫真正的成长。而不是在家长的大包大揽下，孩子的身体长成了大人的样子！

孩子的思考能力越强，终身学习的能力就越强，创造力就越突出。

独立思考是孩子成长过程中非常重要的一个方面。从某种意义上说，孩子学会思考的过程，其实就是成长的过程。

18 世纪德国哲学家、教育家康德曾经说过：“人的教育不能只是简单地、机械地接受训练，最重要的是要使儿童学会思考。”

爱迪生出生在一个家境贫穷的家庭。父亲是没有多少文化的木工，母亲却对爱迪生寄予厚望，并将这种希望落实在平时的教育引导过程中。

她因势利导，不断启发孩子。少年时代的爱迪生仅仅读了几个月的书就辍学回家了。但他的母亲并没有放弃对他的教育。小爱迪生对什么都感兴趣，总是缠着大人问个不停，有时问得父亲没有了耐心，而母亲则是百问不烦，她深知孩子好问是求知欲强的表现，所以总是能耐心地解答。

一次，小爱迪生跑过来问母亲，那只母鸡老是蹲在窝里做什么。母亲连忙放下手中的活，告诉他，母鸡正在孵小鸡，让鸡蛋暖和，过一段时间，小鸡就会从蛋壳里钻出来。

不久，母亲发现小爱迪生也蹲在一个窝里，连忙问他这是在干什么，他认真地说，这是孵小鸡呀。

母亲并没有嘲笑和责备他，她深感自己的孩子有一股奇特的探索和钻研能力，她认为那是一种难能可贵的天赋，于是，耐心细致地告诉爱迪生：“鸡的体温是 42℃，人的体温通常是 37℃，靠人的体温是孵不出鸡来的。如果能有办法使受精的鸡蛋保持 42℃，到一定时间，也可孵出鸡来。”

妈妈就是这样耐心细致地解答小爱迪生的每一个问题，并针对孩子爱思考的特点，给他讲解大自然的各种奥妙，比如春天为什么树木吐绿，夏天为什么热浪滚滚，秋天为什么叶黄飘落，给他讲历史，给他讲理化。爱迪生喜欢做实验，母亲就给他买回名著《派克科学读本》，与他一起对照书本做实验，把孩子引向知识的海洋。

爱迪生的母亲还从孩子顽皮的行为中发掘积极的因素。有一次，小爱迪生用钢丝在猫背上用力摩擦，想做摩擦起电的实验，反而被猫抓破了手，母亲看到的是他勇于探索的良好动机。还有一次，爱迪生做实验导致失火，险些闯下大祸，母亲虽为此担心，但绝不会因此反对儿子做实验。

就这样，在母亲的精心培养下，爱思考的爱迪生刻苦钻研，发明创造出许多新事物，最终登上了科学的高峰，为人类做出了巨大的贡献。

所以，作为家长要适时地帮助孩子，孩子通过对日常事物的观察、分辨、归纳和整理分析，思考能力会不断进步，思维的方式会更加精细熟练，更加符合逻辑。

简单地说，聪明的父母面对孩子的问题，不是简单地告诉孩子答案，而是引导孩子找到解决问题的方法，对孩子的各种探索行为给予充分的肯定和积极的支持。

独立思考是孩子发展创造能力的一个关键点，应让孩子尽早体验到创造的快乐。家长可以提出一些问题，让孩子成功地解决，在一次次创造成功的快乐中，孩子会逐渐形成创造观念。当创造成了孩子学习和生活的一部分，犹如吃饭、穿衣一样，我们对孩子创造能力的培养也就成功了。

9. 一心无二用，专心致志做事的习惯

专心致志就是要把心思全部放在要做的事情上面，并一心一意，聚精会神。现在不少孩子做事总是不专心，一边做作业一边看电视，或一边玩手机，作业是做完了，但对需要巩固的知识，却没留下什么印象，这样做作业，效果是很差的。这样的习惯严重影响了孩子对知识的巩固和孩子的学习成绩。吃饭也是这样，有的孩子吃饭时玩手机，吃饭成了应付，饭不好好吃，饭后饿了，又去吃零食，这样的习惯影响了身体健康。

所以，家长要从小引导孩子，做事专心致志，要做什么事，就静下心来专心致志地去做，不要做着这件事情，心里又想着另外的事情，手里做着这件事情，眼睛却看着其他事物，这样一件事情都做不好。

其实这里需要有一个计划安排，把我们要做的事情梳理一下，分清轻重缓急，分清主次，然后一件一件去做。我们把一件一件事情做好，那么我们的生活就是由做好的事情组成，那我们的生活一定是有质量的，一定是美好而稳定的。相反，如果总是一心二用，事情做了不少，结果没有一件事情是做好了的，那他的生活质量肯定无法保证。

小邱很小就开始过着留守儿童的生活。父母因为生活的缘故，在他很小的时候便双双到广东打工，由于离家很远，所以只有春节回家那几天，一家人才能团聚。小邱从小就和奶奶一起生活，随着奶奶年纪越来越大，小邱也开始为家里做一些家务，并照顾奶奶。小邱从小就非常懂事，除了做一些力所能及的家务，还把

自己的学习任务完成得非常好，学习成绩一直在年级前茅，并在中考中以较高的分数考进了县里的重点中学。他读的是通校，每天晚自习放学后骑自行车回到父母在县城买的房子，独自休息。高一时成绩还一直不错。奶奶年纪大了，没有到县城的家里生活，所以，小邱每天回到家就一个人学习。为了方便联系，父母给他买了手机。学生嘛，自我管理能力有限，于是一边做作业一边看手机，没想到这严重影响了他对知识的巩固和掌握，他的成绩也慢慢下滑。

父母回到家里时，发现屋里堆满了方便面盒子，心里十分难过。没有监护人的照顾，孩子生活不规律，饮食不能保证，学习任务不能落实。他的母亲最后下决心留在家照顾小邱的生活、学习。小邱的生活有了保障，学习也不用再分心，便主动将手机交给了母亲，专心致志地投入学习中去。高二下期，小邱的学习成绩又逐步上升到了班里的前几名。

专心致志的生活学习习惯，既能让孩子做好自己应该做的事情，又能保证孩子的学习水平和生活质量。如何培养孩子的这个习惯，应引起家长的高度重视。

专注力决定孩子做事的能力，是一种十分珍贵的品质，每个孩子的体内都孕育着专注的天赋，只不过父母引导上的差异导致了孩子在此方面的差距。

孩子可能对万事万物都有兴趣，但却很难专注于某一件事，不能全身心地投入，那么只能在目标的外围徘徊，很难达到一定的高度。一方面，孩子在专注地做什么、玩什么时，家长不要随意地打断他，分散他的注意力。另一方面，在孩子小的时候，作为家长就应注意把孩子的专注力激发出来，比如，当孩子在做某一件事情时，可以让他在规定的时间内完成，并帮他排除外界的干扰。

社会上一部分年轻人，对自己的工作并不十分投入和专注，问其原因，总是说不喜欢自己的工作。其实，他们只有两种选择，要么找到自己喜欢的工作，要么喜欢上自己现在的工作并专注地投入其中。当初，稻盛和夫大学毕业到一家陶瓷公司上班时，这家公司并不景气，许多大学生纷纷离职。稻盛和夫也曾不安心工作，并写信给家里。但在受到哥哥的严厉批评后，他的思想受到震动，于是安心工作，并潜心研究，最终在新型陶瓷材料的研发方面取得突破，成立了京瓷公司，取得了巨大的成就。正是在专注中，他才一步一步取得了成功。

10. 读书的习惯

读书让生活变得更丰盈，让我们的知识面更宽广，让我们的视野更宽阔，让我们的人生格局更大。通过阅读，我们可以了解外面的世界，可以知道各种各样的人生，从而增加人生的可塑性和可能性。同时，读书让人内心更加充盈、宁静，能够生活得坦然、从容、明白。

读书，是通过文字走天下、看世界。人的一生所走的路、所涉历的生活面是极其有限的。世界这么大，行业系统这么多，我们要怎么去了解这个世界才不枉到地球上走一回呢？读书就是一条捷径，每一本书都是某一人，甚或某一群人一生经历、一生经验的积累，都会带给我们启示，都会激起我们内心的浪花，甚至涌动我们的人生。

所以，家长和孩子们一起读书吧。

孩子小时候，可以选择一些适合孩子的儿童绘本、读本。孩子大一些了，可以广泛涉猎各种各样的书籍，比如百科全书、哲学、社会科学、自然科学、综合性图书，具体来说包括政治、法律、军事、经济、文化、科学、教育、体育、语言、文字、文学、艺术、历史、地理等。

家长还可以与孩子一起读书，然后进行阅读后的心得体会交流，这样孩子的收获会更大，而且可以让父母的心更加贴近孩子的心。家长还可以引导孩子读书以后，结合实际进行一些思考，帮孩子在读书过程中，萌生信念理想，启智立志。

很多人的成功就是从读书开始的。茅盾文学奖得主麦家，他自小生活在农村，根本没有书籍可读。当有一天，他在一个亲戚家厨房添柴烧火煮饭时，偶然间看到一本主人从外面垃圾堆里捡来准备用作搭火的书，书名叫《林海雪原》。平时无法见到书籍的他如获至宝，在他如饥似渴地读完这本书以后，他的思维打开了，他从书中读到了他从未见过的人和事。从此，书籍深深地吸引着他，他到处找书读。1977 年恢复高考，在父亲的启发下，他复习准备，考上了大学。到了大学，有了图书馆，他如鱼得水，阅读了大量文学作品。在这些书籍的熏陶下，他开始了自己的创作，并一发不可收拾。他一边工作一边创作，创作出的作品受到了读者的认可，受到了编剧的青睐，被改编成了影视剧，深得广大影视剧迷的喜爱。他在文学创作上取得了很高的成就。

这就是读书的力量。

让读书成为孩子的生活方式，而不是生存工具。

生活里没有书籍，就好像没有阳光。知识是人类进步的阶梯，读书则是了解人生和获取知识的重要手段和最好途径。

孩子在学校读书，课本知识难免结构单一，更具工具性。大量阅读课外书籍，孩子可以开阔视野、增长知识，不出家门而知天下事，不出国门而了解世界各地的历史文化、风土人情。

文学作品中主人公美好的品格，常常会在孩子心中激荡。鲁迅的“我以我血荐轩辕”的赤子之心，李白的“安能摧眉折腰事权贵”的傲骨，保尔·柯察金钢铁般的意志，无一不能在孩子心中留下印迹。这些积极向上的精神，会成为一种力量，促使孩子形成良好的道德品格和健全的人格。

读书给心灵以慰藉和滋养，通过阅读，往往能让孩子的心灵渐渐充盈起来。有书相伴，孩子将不再茫然，不会孤独，因为孩子在书中将与万千人对话。

通过读书，孩子的写作水平也会日益提升。他写出来的作文就会内容充实且有深度。“读书破万卷，下笔如有神”说的便是这个道理。

培根说：“读史使人明智，读诗使人聪慧，演算使人精密，哲理使人深刻，道德使人高尚，逻辑修辞使人善辩。”从小培养孩子爱读书、读好书的习惯，将使孩子充实、从容、快乐地成长，并受益终生。

11. 让孩子养成独立做事的习惯

现在很多家长看见孩子做事做不好，或者做得慢，总想帮忙，甚至越俎代庖，直接替孩子做了。其结果是让孩子既做不好事情，又养成了依赖性，同时容易在孩子心里形成一种遇事总想避让的消极想法，其负面影响极大，对孩子的成长极为不利。所以，培养孩子独立做事的习惯非常重要。

第一，作为家长要认识到，孩子做事从不会到会是有一个过程的，想想家长自己，哪件事情是一开始就会做的。有了这样的认知，那么作为家长要有耐心就是很自然的事情。孩子的成长是有一个过程的，这是自然规律。家长认识到了这个规律，就容易静下心来，有耐心地等待孩子成长，帮助孩子成长。比如孩子扫地，开始总是扫不干净，这是正常的。随着扫地次数的增加，加上家长的适当指导，他慢慢地就扫干净了，就学会扫地了。其他事情也是如此，只有实践体验才会越做越好。如果总是担心孩子做不好，而不让他做事情，那么他永远都做不来事情。凡事都有一个开头，万事开头难嘛，只要开了头，并坚持下去，慢慢地就会越做越好。

第二，适时适当地给予孩子帮助也是必要的。比如孩子收拾房间，高的地方够不到，家长可以给予帮助，重的东西搬不动，家长也可以帮忙。

第三，方法上的指导。比如被盖怎么折叠更整齐、方正，床单怎么牵扯才能更加平整，玩具怎样分类收存等。

第四，给孩子独立做事的机会。例如让孩子自己穿衣服、洗脸洗手，择菜、洗菜，扫地、擦桌子。再大一些了，还可以让孩子学着煮饭、炒菜等。要让孩子在独立做事中学会做事。

另外就是，让孩子自己做决策。前面说的是孩子动手做的事，孩子自己做决策是孩子在大脑中做事。自己做决策是独立性发展的一个非常重要的方面，父母要从小培养孩子自己拿主意的能力。孩子的事情要由孩子自己思考，家长可以帮助他分析问题，但怎么解决问题，让孩子自己决定，父母不要替孩子做决定。比如孩子每天穿什么衣服，可以让孩子自己选择。当孩子拿不定主意时，可以帮他分析，比如今天天气怎么样，气温高不高，会不会下雨，有没有体育课等。这样孩子自然就明白了，气温高就穿薄一些的衣服，有体育课就穿宽松一些的衣服。让孩子根据情况自己拿主意，自己做决定，这是孩子未来走向独立所需的必备素质。

生活即教材，把生活小事当作孩子锻炼成长的机会，那么孩子的成长、孩子的独立自然水到渠成。长此以往，孩子既获得了能力，又显得自然天成，怎么会“逆反”呢？如果家长非要让孩子穿这件或穿那件衣服，孩子不“逆反”才怪呢！最后导致家长跟孩子关系对立，这才真是得不偿失、事与愿违。

曾在一档电视栏目中见到一对母女，女儿已经二十多岁参加工作了，每天梳什么发型，穿什么衣服，穿什么鞋子，背什么包，都由母亲决定，母亲还似有自豪之感。二十多岁的成人，被母亲照顾得如婴儿一般，完全没有自己独立的思想意识，没有自己独立的行为空间，这位母亲要照顾孩子一辈子吗？为什么不松手？为什么不放权？孩子是一个独立的人，而不是家长的私有财产，想放哪儿放哪儿！为什么不能尊重孩子的意见，为什么不给孩子成长的机会？这样下去，孩子哪有属于自己的人生？

要让孩子自己动脑筋、想办法，最后做出决策，然后根据自己的决策行动、实践，并不断总结。这样，孩子的独立性才会更强，因为“鸟儿始终是要飞出窝的”。

通过以上方法和步骤，家长逐步放手，孩子慢慢就学会了独立做事。

孩子在独立做事的过程中，既学会了生活技能，又有了成就感、价值感、归属感和对生活的掌控感，以后会更加独立和自信。

著名教育家陶行知先生说：“让孩子出自己的力，流自己的汗，吃自己的饭才是英雄汉。”

其实，孩子自生下来的那一刻起，就是一个独立的个体了。比如他饿了你不能代替他饿，他疼了你不能代替他疼，他生病了你不能代替他生病。这虽是常识，但很多人却不觉知，总是想替孩子做所有事情，甚至包办代替，其结果是让孩子自己都觉得自己是无法独立的个体，进而感觉缺少存在感、重要感和价值感。

有一个人到店里去选衣服，对颜色的选择老是拿不定主意，店主倒是人性化，让她回去考虑清楚再来选购。第二次来店里，她还是犹豫不决，店主说：“那就选红色吧，我觉得红色适合你。”店主替她拿了主意。她带着大红色的衣服回去了。后来把大红色的衣服穿出去了，她又觉得颜色不理想，还是店里那件粉红色的更适合自己。

自己的事自己拿主意，如果自己遇事犹豫不决，就等于把决定权拱手让给了别人。一旦别人做出错误的决定，到时后悔的是自己，因为承担后果的是自己。既然承担后果的是自己，为什么要让别人给你拿主意呢！把主动权掌握在自己手里吧。

前面谈到的一个人选取一件衣服倒是一件小事。人的一生面临着诸多抉择，不同的选择可能决定着一个人不同的前途和命运。所以人生的道路要靠自己思索和选择，并为此负责任。

有了良好的选择，再踏踏实实做人，兢兢业业做事，人生成功的概率自然就大了许多。

有一位公司的小员工，打电话向自己大学时的导师请教："老师，我想专程来向你请教。"

老师问道："你什么时候来呢？"

学生："什么时间都可以。"

老师："像这样说，你是永远没有机会的。这样吧，你这个周末过来吧。"

周末，学生去了。

老师问道："你有什么事情要同我商量呢？"

学生："我自己也不太清楚，只想做一些和现在不同的事情，但是不知道做什么才好。"他显得十分困惑。

老师："那么，你准备什么时候实现那个还不能确定的目标呢？"

学生："我不知道，我只是想有一天能做某件事情。"

老师："那么，你喜欢做什么事呢？"

学生想了想，也说不出有什么特别喜欢的事。

老师："我想你是不是这样的，想做某件事，但又不知道做什么好，更不确定什么时候去做，也不知道自己最擅长或喜欢的事是什么，是这样的吗？”

学生如释重负地说：“哎呀，就是这样。”

老师：“看来你是没有把自己的想法整理出来，缺乏整体构想。其实，你人很聪明，又有上进心。因为有上进心才会促使你想做些什么。”

最后，老师建议学生花些时间思考自己的将来，并明确自己的目标，最好用简洁的文字把它写出来，然后估计何时能顺利实现，写好了再来找自己。

两周以后，学生再次来到老师那里，这次脸上显出坚定的神色，他对自己的目标有了完整而明确的构想，他计划三年成为公司业务骨干，五年成为中层干部，八年成为部门经理，力争十年后成为公司高管。

在以后的时间里，他努力工作，认真钻研业务，果然不久后就成为公司的业务骨干，再后来主管业务，他一步一步向着目标迈进，过上了幸福而满意的生活。

这就是从模糊不清到独立思考，确定目标，努力践行，并逐步实现目标的例证。

孩子最终要独立地面对社会，面对生活，面对自己。所以，家长要学会放手，培养孩子自主学习和做事的习惯，让孩子最终成为能独立思考、独立做事的自己。

三、能展现个人素质的习惯

个人素质对孩子来说非常重要，家长一定要从小培养孩子的个人素质。做一个高素质的人，既能更好地适应社会，成为受人尊重的人，同时也能提高自己的生活质量。

1. 讲秩序

现代社会，生活节奏快，城市人口密集，办事情十分需要讲秩序，因为讲秩序能提高办事效率。一家人尊老爱幼，长幼有序，和谐幸福。到窗口办事，排队有序，办事顺畅效率高。车辆出行，按交通规则有序前行，行车靠右，红灯停，绿灯行，交通顺畅。这样，从家庭到社会，有条不紊，生活顺畅，社会有序，平安和谐。

没有规矩不成方圆。我们在食堂吃饭要排队，坐公交车要排队，出教室到操场做操要排队，到人多的地方购物也要排队。如果大家都不排队，都拥挤在车门，结果上车速度更慢；如果大家都挤在窗口办事，不仅办事速度更慢，也容易发生摩擦、矛盾。如果大家都排队，个别人插队，这个人会遭到众人的谴责。引导孩子做一个讲秩序的人，当讲秩序成为一种习惯，这个孩子自然就成了有素质的人。

以身作则是教育引导孩子讲秩序最好也是最便捷的方法。比如家长带着孩子乘坐公交车，要有序排队，长此以往，孩子自然就知道了，哦，原来乘坐公交车要排队。当家长到人多的地方购物时，自觉排队，这时孩子又懂得了，人多购物时也要排队。当家长去办事时，也自觉排队，孩子当然又学会了，办事时要排队。

家长带着孩子到公园、到游乐场玩正是孩子实践的好时机。比如滑梯前很多孩子都想玩，孩子们排好队，有序地玩，这样大家都能玩，又更安全，孩子自然会有体会。坐碰碰车的人也不少，家长带着孩子排好队，轮到自己时，再上车去玩。

就这样潜移默化，讲秩序的种子自然在孩子心中种下了，讲秩序的素质在孩子心中自然潜滋暗长了。

2. 谦虚礼让

谦虚礼让作为中华民族的传统美德，主要包含以下内容：正确认识自己，看到自己的不足，永不自满；发现别人的长处，宽容别人的缺点，尊重别人；正确对待个人的利益，懂得谦虚，不居功，不争名夺利。

古人把谦虚与成功的关系凝缩成“满招损，谦受益”这句话，告诫人们自满会招来损害，谦虚能得到益处。

人们要做到谦虚礼让，就要做到：在相处过程中善于自制，处处事事尊重他人；要有谦让精神，有胸怀，有气量，有涵养，不因为一点小事斤斤计较；在公共场所给他人带来不便时，主动道歉，请对方谅解；尊重他人的人格，尊重他人的愿望、感情和爱好；不强加于人，不强求于人，建立融洽、团结的关系。

你礼让，别人也会礼让，这样人与人之间的关系就会变得更加融洽，社会就会变得更加和谐。所以，教育引导孩子学会并养成谦虚礼让的习惯，将会使孩子生活在愉快、和谐的环境中。在这样的环境中，孩子无论是学习，还是生活都将是快乐的、幸福的。也就是说，学会了谦虚礼让，不仅能帮助孩子处理好人际关系，而且自己也是受益者。

怎样培养孩子谦虚礼让的品质呢？

家长以身作则，孩子自然容易学会。

其次，孩子在与其他小朋友相处时，引导孩子礼让、尊重他人。孩子在与其他小朋友玩耍时，发生了矛盾，要主动找自己的原因，担自己的责任，要主动说明原因，并及时沟通。

总之，在孩子的生活中，处处皆教材，需要家长做有心人，善于发现生活中的点点滴滴，及时地教育引导，那么，就可以在不知不觉中，引导孩子学会优秀的品质，养成良好的习惯。其实，这些品质和习惯也是孩子的生活技能，会为孩子未来的为人处世打下良好的基础。

3. 惜时、守时

时间就是财富，时间就是生命。鲁迅先生说："浪费别人的时间等于谋财害命。"关于时间方面的格言和精辟论述有很多，都说明了时间的重要性。

一个人首先要善于管理自己的时间，科学高效地利用自己的时间。生活中，钱浪费了，我们觉得心疼，但是时间浪费了，我们往往没有感觉。所以有人说，在不经意间时间就从我们的指缝中溜走了。在同样的时间内，有的人做了很多事，而有的人却无所事事，多么可惜。

所以，我们要从小培养孩子"惜时"的习惯，要高效利用时间。该做事时，我们全身心的投入；该休息时，我们放松身心。

既高效做事，又劳逸结合，是惜时的最佳方式。

有的人一辈子做出了非常大的成就，而有的人却一事无成，是否"惜时"就是"分水岭"。有的人说，一个人成长得快与慢、是否能取得更大的成绩，关键是看八小时以外。也就是说，关键是看业余时间你是否利用得充分。

当孩子懂得时间管理的时候，我们就可以逐步引导孩子，利用好时间，尤其是当孩子读书以后，更要引导孩子有计划有安排地充分用好自己的课余时间，以便看更多书，做更多习题，巩固自己的知识。这一点，对孩子来说，尤为重要。

平时，不少孩子只顾玩耍，要休息了才发现自己的作业还没有写。寒暑假要结束了，马上开学了，才忙着赶作业。由于时间没有得到很好的利用，作业是赶出来的，质量当然不高，学习效果当然不会好，成绩怎能上得去？如能教会孩子计划安排好时间，结果当然就不一样了。比如，一放寒暑假就制订计划，什么时间学习，什么时间休息玩耍，什么时间发展兴趣特长。那寒暑假的时光将会充实而又精彩纷呈，每一分钟都会过得有意义。

孩子与人交往，珍惜别人的时间也非常重要。我们与人约好一起做事，一定要准时到达，这既是守时，也是对别人的尊重，同时也显示出自己守时的素质，也将获得别人的尊重和信任。现代社会，经济高速发展，节奏很快，人们的时间观念越来越强。公司之间的业务洽谈、往来，准时是必需的，如果不准时，必将失去业务对象的信任。一个不守时的人，你的诚信何在？你的信誉何在？你的产品质量可能更无从谈及。所以，守时是一个人最重要的素质之一，有了这样的素质，养成这样的习惯，对一个人是非常重要的。

所以，家长在孩子小时候就要培养他守时的习惯。说了什么时候做什么事，那就一定要按时去做。答应了什么时间与人见面，就一定要准时到达。定了目标，什么时间完成什么事情，就一定要按时完成。守时意味着信守承诺，这是良好的品质。良好的品质塑造完美的人生。

平时家长带着孩子走亲访友，就要为孩子树立榜样，准时到达，并把这样的观念传达给孩子。这种无声的教育，有利于孩子形成守时的品质和习惯。

4. 在公共场所不能大声喧哗，说话做事要注意场合

公共场所人多，为避免相互影响，保持安静是最好的办法，所以人们树立了公共场所不能大声喧哗的道德准则。

延伸开来，就是我们说话、做事，不仅要考虑自己的情况，也要考虑他人的感受，尽量不影响他人。这既是一种公德，更要形成一种习惯，到了公共场所就要考虑他人的感受。如果我们都能这样做，那么公共场所必定是一个和谐的地方。

从小教育孩子养成这样的习惯是比较容易的，因为孩子越小，学东西越快。所以，家长一定要抓住有利时机，做一个有心人，对孩子的习惯养成有一个目标规划，因为对孩子的培养是人生最重要的事业之一。如果耽误了对孩子的培养，其他方面再怎么成功，人生都是不完整的，因为人才是最重要的，所以我们要做到以人为本，围绕“本”来展开我们的人生。这也可以说是“不忘初心”。

那么，我们要怎么样培养孩子的这种品质呢？其实，只要在生活中做个有心人，时时处处为孩子树立榜样就好。比如家长带孩子到汽车站、火车站、机场等公共场所，有意识地降低说话的音量，孩子自然就懂了。另外，家长还可以结合孩子平时看的书籍中的场景，以及各种新闻事件中的场景，对孩子进行自然而然的教育引导。在潜移默化中，孩子慢慢地就能拥有这样的意识和品质，并逐步养成习惯。

通过这样的培养，孩子不仅能养成好的品质和习惯，而且还有一个很好的副产品在孩子心中诞生，那就是做事情时心中有他人，这是非常难能可贵的品质，对孩子的成长非常有益。一个心中有他人的人，一个善解人意的人，一个能推己及人的人，自然是一个受欢迎的人。

个人素质与社会公德的结合就是个人利益与社会利益的最佳结合。

5. 不随手乱扔垃圾，共同维护干净整洁的环境

环境干净整洁是现代社会的一个基本要求。教育孩子从小养成这样的习惯已经成为必然的要求。一个总是随手乱扔垃圾的人，很难与这个社会合拍，甚至难以融入社会。比如我们看见大街上有人随意乱扔垃圾，都会说这个人好没素质。这个看似很小的习惯，却可以折射出一个人的基本素养。一滴露珠可以折射出太阳的光辉，道理就是这样的。

家长要从小教育引导孩子不随意乱扔垃圾。首先，家长要有这样的意识，因为不少家长会认为孩子还小，他扔了我们捡起来就行了，其实这样的观念和做法会养成孩子乱扔垃圾的坏习惯。其次，家长要付诸行动，要教育引导孩子将垃圾扔到垃圾桶里。

如果孩子乱扔，家长要及时纠正孩子的错误行为，督促孩子把垃圾捡起来放到垃圾箱里，让孩子养成良好的习惯。当然，家长的良好示范作用也是必不可少的。如果家长一方面教育引导孩子不要乱扔垃圾，自己却随手乱扔垃圾，孩子定然也会模仿家长的行为而乱扔垃圾。所以，家长的以身作则很重要，孩子是家长行为的镜子。要求孩子做的，家长首先要做到。这样必然会取得事半功倍的效果。

现在爱护环境已成为国家和社会的共识，各大城市都在创卫生城市，创文明城市，乡村也在大力治理环境卫生。所以，爱护环境应成为每个公民的基本素养。现代社会有了更高的要求，不仅不能乱扔垃圾，而且还要求分类投放垃圾。这些都需要家长从小对孩子进行培养和引导。

6. 不随意践踏草坪，乱摘花朵，破坏我们共有的家园，要为绿化做出贡献

这也是一个社会公德，这样的习惯也是必须养成的。现在生活条件越来越好，公共绿地越来越多，爱护花台中的花草，爱护各种绿色植物是每个公民应尽的义务。“绿水青山就是金山银山”已成为大家的共识。所以，教育引导孩子从小养成这样的习惯，是必然的要求。

现在我们国家的条件越来越好，到处都是公共绿地，绿树成荫，花草遍地，环境幽雅。我们在享受这个美好世界的同时，更需要共同维护它。

其实，只要家长有意识地要求孩子，孩子养成这样的习惯并不难。

现在很多公园是四季都有花开，美丽的公园吸引着人们前来散步、锻炼。有的人看见灿烂的花朵，就忍不住摘几朵。如果大家都这样做，那花朵很快就被摘光了，公园也就不美丽了。这样的道理要给孩子讲清楚，家长在带着孩子赏花时，自然要给孩子以教育和引导。这样孩子很自然地就理解了为什么要这样做，所以孩子就更能坚持好习惯。美丽的世界，谁不喜欢呢！小孩子的内心也是纯净而美丽的。

7. 不在公共场所的墙面上乱写乱画

墙面是我们城市环境的重要组成部分，爱护墙面也是重要的公德。墙面的脏乱差影响城市的美观，有关部门要经常去清洗墙面，擦掉乱涂乱画的痕迹。如果全社会的人都不去乱涂乱画，自然不会出现这样的情况。所以，从小教育引导孩子养成爱护墙面的好习惯就成为必然要求，孩子只要有了这样的认识，自然不会去乱涂乱画，好习惯自然就形成了。

源静则流清，本固则丰茂；内修则外理，形端则影直。

修养之于心地，其重要犹如食物之于身体。

身不修则德不立，德不立而能化成于家者盖寡矣，而况于天下乎？

修养对人是很重要的，自古就有这样的论述。所以，要教育引导孩子从小养成这样的习惯，即“源静”“固本”“内修”“形端”，修身才能立德，立德才能立于不败之地而行天下。

四、做事方面的习惯

1. 凡事确立目标，有了目标才有方向和动力

我们要做一件事情，要做到什么程度，什么时间完成，必须事先明确。这样我们在做这件事情时，就会非常明晰我们到底要做什么，就会朝着既定的目标迈进。如果目标不明确，在做事的过程中就会像无头苍蝇一样到处乱撞，最终将一事无成。

从小就可以培养孩子做事首先确立目标的习惯。比如首先就要树立人生的高远目标，这样学习、做事才有动力，人生才有方向。“凡事预则立，不预则废。”如果没有一个正确的人生目标，事业很难成功，人生也没有航向，也许漂泊一生也难以到达彼岸。其次，做一件具体的事情也应该先确立目标。比如家长和孩子一起远足，目标是攀登一座山峰，并且要登上山顶。目标确立了，那么在登山的过程中，再辛苦我们也要引领孩子克服困难，不达目的绝不停止。这样就更强化了孩子的目标意识，而且对锻炼孩子的意志力也是很有帮助的。反过来，如果没有确立这样的目标，孩子在登山的过程中，由于很费体力，意志力也受到考验，孩子觉得太累了，有可能就半途而废了。而且孩子有可能形成惯性，以后做什么事情一遇到困难就放弃了，这样对孩子的负面影响很大，要引起家长的重视。

小轩读三年级时，妈妈就引导他自己洗衣服。小轩对洗衣服也很有兴趣。后来，小轩觉得自己洗不干净，就告诉了妈妈。妈妈觉得小轩太小了，又心疼小轩，怕小轩累着，看见衣服没有洗干净，目标并没有达成，就说那就算了吧，妈妈替你洗。洗衣服

时遇到的困难妈妈替他解决了。直到初中小轩都没有自己洗过衣服。从此小轩就养成了一个习惯，一遇到困难就绕着走，心里想反正有人会帮我解决困难。但生活并不是这样，有些困难家长也解决不了，更无法替孩子解决。比如小轩其实学习能力很强，只要肯下功夫，学习成绩噌噌地往上升。可是小轩就是吃不了那个苦，就是下不了学习的决心，学习上一遇到困难就有些松懈，所以他的学习成绩总是忽高忽低，起起伏伏，就是无法稳定。小轩妈妈也一直操心这个问题，不断叮嘱小轩，但却也帮不上什么忙。说多了小轩还反感，产生抵触情绪，不愿意听妈妈的说教，弄得小轩妈妈很是苦恼。我与之交流，分析小轩的成长历程后，小轩妈妈才意识到小时候没有鼓励孩子自己克服困难、达成目标，没有帮孩子树立目标意识，所以才造成了今天的局面。这就是没有培养孩子树立目标意识造成的后果，家长、孩子其实心里都是很苦恼的。

目标是催人奋进的动力，目标是人生前进的方向。人生没有目标就可能庸碌无为地度过一生，做事没有目标只能永远与失败做伴。所以，要养成设立目标的习惯，从而明确自己的方向，了解自己的内心需求，向着目标不懈努力，就能到达成功的彼岸，就能收获幸福的笑脸。

努力实现目标，你自己也会有一种成就感。

随着时间的推移，你实现了一个又一个目标，这时你的思考方式和工作方式也会渐渐改变。

大家都在说着这样一个故事，三个工人在砌墙，有人过来问他们在干什么。

第一个人没好气地说："没看到我们在砌墙吗?"

第二个说："我们在造一座高楼。"

第三人哼着歌说："我们在建设一座美丽的城市。"

十年后，第一个人还在工地上砌墙；第二个人成了一名建筑设计师，专门绘制图纸；第三个人成了前两个人的老板。

三个人，由于目标不同，最终成就了三个不同的人生方向，目标与成就可以说是成正比的。

要想获得成功，就必须有清晰明确的目标，这样才有催人奋进的动力。

有了目标，就会有一种使命感，也就不会浪费每一分钟。

当然，制定目标要避免好高骛远，要明确具体、适度，又要有一定的挑战性。

比如当年的摩托罗拉公司的目标就是将错误率降为零。这个目标既明确，又有操作性，也有挑战性。最终他们成功了。

另外，目标在实践的过程中也需要根据实际情况进行适当的调整修正，以便与实际情况相适应。同时还要随着新情况的出现，及时调整目标，做到与时俱进，开拓创新。

2. 计划安排的习惯

有了目标，需要先做个计划：我们要做什么事，什么时间做，先做什么，后做什么，做到什么程度，什么时间完成。计划中包括目标任务、具体措施、完成时限、需要哪些辅助工具等。

有了计划，然后按计划按部就班地去做相应的事情，一步一步接近目标，最终达成我们的目标。这样做事就会非常有条理，并且能大大提高做事的效率和成功率。这样的人生将会取得更大的成就，为社会做出更大的贡献。

作为孩子，作为学生，科学的计划将非常有益于他们的学习。

其实在现实生活中，可能每个学生都有自己的学习目标，有的孩子在目标内容上比较长远，而有的孩子目标内容却比较短浅。

要实现长远的目标，就不能像短跑那样“一口气”跑到终点，一蹴而就。必须脚踏实地，持之以恒，有步骤地努力去做才行。因此，每个孩子从自己的实际出发，把学习时间和学习任务科学地结合在一起，那就是制订学习计划。孩子越想实现学习目标，就越迫切地需要制订学习计划。有了好的学习计划，就会使自己的每一个学习行为都和学习目标的实现联系起来，这样就使每一个学习行为都具有了明确的目的性，避免了学习行为中的忙乱现象，同时可以大大提升学习效率。

要想实现学习目标，学习计划就是一张蓝图。学生要想把学习搞好，就要结合实际，制订切实可行的学习计划。有了学习计划，自己心里就会有底了，就会感到实现学习目标只是个时间问题。这样学习起来，就会从容不迫，更加自信而有条理。

当然，学习计划在实施过程中也会遇到这样那样的问题。比如会出现一些计划中没有预料到的而又必须做的事情，如学校的大型活动、班级活动等等。这就需要调整学习计划，适应变化的情况。学生自己要权衡利弊，努力排除困难和干扰，保证计划的顺利实施，放弃一些活动，拒绝一些诱惑，通过自己的意志力，不断调整自己的行动，使自己的行动始终不偏离计划中既定的学习目标和任务，坚持到底，直到目标实现为止。

经过这样一个计划一个计划的长期磨炼，孩子的意志品质，包括自觉、顽强、坚持、自制等品质，将不断得到磨炼、提升。意志品质上的收获，既是孩子坚持目标、实现目标的副产品，更是孩子宝贵的、可以享用一生的精神财富。

良好的意志品质反过来又能促进学习的成功，而学习的成功又为意志品质的提升起到推动作用，可以说是相互促进，相辅相成。

反过来，那些学习上没有计划安排的学生，对自己的学习可能就没有什么明确的要求和具体的打算，当然也就谈不上跟现实有什么矛盾，有时间就学习，有其他事情就忙其他事情，就有点学多少是多少、学到哪里是哪里的情形，更谈不上意志上的努力和斗争了。他们既不能保证自己的学习有成果，又没有经历多少意志上的磨炼，这样成长起来的孩子，他们的意志品质常常就会比较薄弱。

而长期按学习计划执行的孩子，往往学习和生活都非常有规律，并且逐步形成条件反射。到什么时候，就做什么事情，不为了起不起床、睡不睡觉、学不学习而纠结，不在选择中纠结而浪费时间、消磨精力。学习和生活已形成规律，最终达到近乎自动的境界：到时间不起床就睡不着了，到时间不睡觉就困了，到时间不学习就好像生活中缺了点什么似的，这就叫“习惯”，习惯就成了自然。所以，良好的学习习惯就是学习计划和顽强意志力结合的产物。

由于有了学习计划，如果多玩、多聊，计划中的某项任务可能就完不成。一项任务完不成，就可能导致以后的每一项任务都受到影响，所以，有计划的孩子都特别珍惜时间，不会轻易浪费时间。惜时也将成为孩子贯彻学习计划的副产品。

总而言之，制订科学又切合实际的学习计划，可以大大促进学习目标的实现，还可以磨炼孩子的意志品质，更有益于孩子学习习惯的养成，让孩子养成惜时的习惯。

所以家长不妨让孩子制订一份适合自己的学习计划，按学习计划安排自己的学习时间和学习内容。这样将会让孩子受益匪浅。

一个会计划安排时间和事情的孩子，他的生活也将会有条不紊，他的幸福指数也会提升。

第三节　树立目标，引领人生

人生要有理想、有抱负。理想和抱负是目标，让人生有方向、有追求、有意义。有了目标的引领，孩子会坚定前行。有追求的人生才是充满希望的人生，令人向往的、积极向上的人生。

周恩来在小时候就立志“为中华之崛起而读书”。在以后的人生中，他果然为新中国的建立和建设做出了巨大的贡献。他实现了他的理想，实现了他的人生价值。

现代社会，经济高速发展，社会飞速进步，人们的观念越来越多元化。随着家庭经济条件越来越好，孩子们的各种需求得到了前所未有的满足。不少孩子在这种优越的条件下，放慢了前进的脚步，甚至觉得可以享受生活了，进而迷失了方向，没有了目标。因为没有目标，所以有的孩子做事得过且过，不求甚解，在学习生活中没有了朝气，似乎生活已没有了前进的动力。这是很危险的。

针对这种情况，家长要引导孩子抬起头来看远方，为自己树立远大的理想，那么孩子的学习生活自然有了动力，孩子自然会朝气蓬勃、积极向上。

人是要有一点精神的，理想就是人的重要精神内核，哲学家苏格拉底曾经说过："世界上最快乐的事，莫过于为理想奋斗。"

正因为现代社会物质生活越来越丰富，人类才更有条件去追求精神层面的生活，这就需要我们确立自己人生的目标，思考自己未来的生活要达到怎样的状态。

我们说凡事要有规划，实际上理想就是人生的规划，自己要向哪个方向发展，要过怎样的生活，要做哪些事情，通过什么样的途径实现。这既是对人生的一个规划，更是一种积极的人生态度。

有了总的目标规划，还要有阶段性的目标和规划，这样更容易实现，同时也可以增强实现总的目标的信心和动力。

理想又分为生活理想、职业理想、道德理想和社会理想。生活理想是对未来的生活方式、生活标准的想象和规划，一方面包括衣食住行，家庭基础条件的规划；另一方面包括美满幸福、和谐融洽的日常家庭生活的规划，比如家庭活动、夫妻关系、亲子关系、孩子的成长等。它反映出一个人在价值观念、幸福观念和审美观念上的高层次追求。

而职业理想是指因个人兴趣、特长、学习成绩、家庭教育等综合性因素影响而形成的对从事某种社会职业的设想和规划。职业理想贴近学生的真实需要，职业理想教育可以成为理想教育的切入点，比如将来孩子想从事什么样的职业，需要做哪些知识储备，大学需要选什么样的专业，等等。

道德理想是一个人在道德内容、道德水准上对自己的设想、规划和要达到的目标。一个人的道德水准，往往影响他的事业、人际关系、家庭关系、社会地位等等。道德理想非常重要，但由于它是人精神层面的东西，又往往容易被人们忽视。所以这应引起家长的注意和重视，因为好的道德观念对孩子的成长具有非常重要的积极意义。生活中受人尊重的人，往往都是德高望重的人。生活中也有这样的例子，有的人工作能力很强，但由于道德水准不高，往往被人唾弃。

每个人都生活在社会中，都应该为这个社会做些积极有益的贡献，所以孩子也应该有自己的社会理想，长大了能为社会做些有益的事情。这既是对社会的奉献，其实也是成就自己人生价值的一个重要方面，同时能使自己的内心更加充盈。在改革开放初期，我们不是经常看见一些暴发户，一朝大发以后，只知道吃喝玩乐，最终坐吃山空，甚至走上歧途。这其中一个重要原因就有社会理想的缺失，社会为自己创造财富提供了条件，自己却没有想过有了丰厚的物质条件以后可以为社会做些什么。如果有这方面的理想和规划，他们自然会对社会做些有益的事情，同时也就成就了自己的人生，实现了自己人生的价值。这方面正向的例子也有很多，不少人经济条件好了以后，主动回馈社会，帮助有困难的人，参与慈善事业，比如资助贫困家庭儿童读书，修建希望小学，为灾区人民捐款捐物，等等。

所以，要让孩子树立正确的人生理想和正确的价值观。经济高速发展，满足了人们的物质生活追求，同时也带来一些物质第一、金钱至上的负面观念，让人们的道德理想和社会理想迷失。家长要教育引导孩子树立正确的人生观、价值观，为孩子的理想保驾护航。

可以用具体的人物形象进行引导，给孩子榜样教育，比如学习雷锋同志全心全意为人民服务的精神，为孩子树立道德榜样。雷锋同志小时候是孤儿，参军以后，国家培养了他，他刻苦学习各种知识，努力工作，同时竭尽全力帮助身边的人，全心全意为人民服务。孩子身边的榜样也同样重要，比如生活周围的权威人物，家长、老师等，他们的思想和言行对受教育者有着直接的影响。所以，家长和老师要注意自己言行的规范性。如果言行不一，就会打破孩子心理上的平衡，让孩子不知所措，可能造成发展理想的阻碍。

当一个人实现了职业理想，生活理想往往也会实现，这时我们就有能力实现道德理想和社会理想了。这样我们人生才是完整的人生，才是更有价值和意义的人生。

理想一定会助推孩子的成长和发展，在孩子的人生中起到积极的支撑作用。孩子们必将在目标理想的引领下，主动学习，主动成长，克服困难，乘风破浪，驶向彼岸。

具体来说孩子的理想要怎样树立呢？是家长给孩子确立一个目标吗？是家长将自己的理想强加给孩子吗？显然这是不合适的。如果是这样，那孩子也是被动地被驱使，并没有由内而外的动力实现外界赋予他的理想目标。

其实，孩子对这个世界充满了好奇，对未来也充满了期待，他们的可能性可以说是无限的。也许某一天他们对某一方面的事情就产生了浓厚的兴趣，他们或许就想在未来的日子里，对这个方面的事情做深入的研究，进而将其设立为终身追求的理想目标。

世界这么大，领域这么多，孩子的可能性又不可限量。那么，我们就要创造条件，创造机会，让孩子尽可能多地去接触这个世界，了解这个世界，让他在接触这个世界时，去感受、去发现自己的兴趣点。当某一些事情深深地触发了孩子内心的感受时，他或许就能沉下心来，去看这些方面的书籍、视频，去查阅相关资料，或者自己做一些实验，验证自己的想法。将来读大学，他可能就会选择这方面的专业，毕业了就会选择这方面的工作，将来相信他在这方面一定会有所建树，有所成就。

我们要怎样为孩子创造条件和机会呢？其实，生活处处皆机会。比如生活中我们遇到难题时，可以让孩子查阅资料、网络搜寻，激发孩子的探究欲。又如我们可以经常带着孩子去参观各种博物馆，让孩子见多识广。或许，当孩子见到某些历史文物，或者某些可以改变人类生活方式的新材料、新技术时，兴趣就会被激发。孩子会想，如果将来能在这个领域做研究，能够突破技术难点，那必将为人类做出贡献。理想的种子就是这样在孩子的心中种下的。

第四节　培养孩子的情商

情商是处理人际关系的基础。

人一出生就要与人与物打交道，人的一生其实都在修炼“待人接物”的能力，也即如何与人处理好关系，让人与人之间更加和谐、愉悦。

如何“待人接物”？

人生在世，总要与人打交道，人际关系的好坏往往影响我们的生活幸福感，所以“待人接物”的重要性不言而喻。那我们要怎样待人呢？

一是要通情达理，就是要通晓人类的情感，懂得人生的道理。

要做到“通情”，家长要用各种生活细节教会孩子感受别人的情绪、情感。比如与别人交谈时说的话，别人听了之后是高兴还是不高兴，要通过眼神、表情、语气语调等方面的变化去观察对方。如果对方的眼神是喜悦的，表情是愉快的，语气语调是兴高采烈的，说明对方听了你的话以后是高兴的；如果对方的眼神是柔和的、表情是轻松的，说明对方听了你的话之后心情是平和的；

如果对方听了你的话之后，眼神嗔怒，表情严肃，语气语调变得高亢起来，说明对方不高兴了，这说明你的说话方式、语气语调或说话的内容让对方感受不好。

在对方高兴、平和时，我们就继续交流；在对方不高兴、生气时，我们就调整谈话的方式和内容。如果对方已经生气了，自己却全然不觉知，继续侃侃而谈，让气氛变得更加糟糕，甚至闹出矛盾来还不自知，这就叫不通情。有的人就是这样，只管自己说话，不顾别人的感受。如果一个人老是这样，谁还愿意与他相处呢？有些人亲子关系处不好，正是这个原因。

另外，我们除了注意自己的表达，还要认真倾听别人的话，理解别人的意思、情感，并做出自然而合理的反应，同时及时反馈自己的想法、感受，以求达成共识，通过别人的话语了解他人的想法和情绪，然后给予合理的回应，这也是一种“通情”。

了解、理解身边人的情感，与身边人感同身受，那么良好的人际关系就会逐步形成。

要让孩子懂得与人为善，做到处处与人为善。只要是人都希望别人对自己好，与人为善就是善意地去帮助别人，持一种友好的态度对待别人。

如果一个人能够做到处处与人为善，那也很容易处理好人际关系，谁不愿意与对自己真诚而又友好的人相处呢？所以，有人说“善良是解决矛盾最有力的武器”。

诚心诚意对待身边的人，那别人一定会感受到你的诚意，彼此真诚相待，自然会彼此相悦，彼此共情。这样自然能获得相悦甚欢、安心自在、温暖踏实的人际关系。

要培养孩子有这样的感受情绪的能力、真诚与人为善的品质，营造良好的家庭氛围就是一个重要而又自然的教育引导的方式。家庭氛围温馨、和谐，父母相亲相爱，与子女关系融洽，潜移默化下，孩子自然会平和、友善。孩子带给身边人更多的是平和友善，别人就容易与他共情，他的人际关系自然会和谐、友善。

再来说说“达理”，简单地说就是要通达道理、明白道理，然后讲道理、通道理，对的就坚持，就去做，错的就反对，就不去做。一个懂道理的人、通道理的人，自然容易相处，不易发生矛盾，会让人觉得安心、安全，人们愿意和这样的人相处。大家在一起，没有谁对谁错，而是以“理”为准，以“理”为界，有了这样的准绳，有了这样的边界，大家都会觉得是安全的、安心的。一个总是无理取闹的人，总是蛮不讲理的人，错的他不改，对的他反对，就会让人觉得心烦、无法相处，给他讲道理他也听不进去，人们自然就会远离他。

所以，“达理”是处好人际关系的底线。

家长平时和孩子一起面对各种事情时，要和孩子一起分析、判断哪些是正确的、哪些是错误的，帮孩子提高认知能力与辨别是非的能力，引导孩子做一个“达理”之人。其实，孩子在生活中遇到的每一个困惑，都是他们学习成长的机会，家长要合理运用每一个答疑解惑的机会，逐步让孩子做一个“明白人”。

在生活中有不少家长会有这样的误区，认为“哎呀，这个是小事情，无所谓。孩子错了就错了，有什么了不起的，有责任我担着”。久而久之，孩子就会形成一些错误的观念。没有形成正确的观念，孩子就不能明辨是非，就有可能明明是错误的事情他也要坚持，就容易成为一个蛮不讲理的人。最后孩子跟家长无理取闹时，家长气得无可奈何，却不知道孩子为什么会这样？其实，很简单，就是家长忽略了平时的教育，忽视了平时的严格要求，没有让孩子形成辨别是非的能力，所以孩子不能“达理”。

丹丹小时候非常可爱，家长对她也是宠爱有加。父母平时做生意非常忙，每天很早起来，晚上忙到深夜，所以也特别累。孩子从幼儿园回来，总是有很多话想给他们说。家长开始还能应答几句，但由于又忙又累，就没有了耐心，然后就粗暴地说“不知道”，甚至说“滚开”。

然后，孩子就开始要东西，家长先说“不行”，孩子连要几次，家长没有了耐心，于是说：“好吧好吧。”孩子的要求有时候非常过分，家长也觉得不妥，但熬不过孩子的反复索要或者哭闹，就让步了。就这样，孩子得寸进尺，家长一让再让。不管对错，不管要求是否合理，在孩子的步步紧逼之中，家长都退步了，都答应了。慢慢地，孩子觉得只要我坚持自己的意见，最后愿望总能得到满足。于是她形成了“以自我为中心”的处事原则，到学校，同学都得迁就她，否则她就不高兴。慢慢地，身边的同学都开始远离她。但是她不但不反思自己的问题，反而觉得那些同学对她都不好。最后导致高中都没有毕业便辍学了。

就是辍学在家，她也不好好过日子，经常向家长提出一些过分的要求，而自己却什么都不做，也不去找工作，导致家庭矛盾经常爆发。因为家长也忍无可忍了，觉得这孩子实在是太无理取闹了。

究其原因，其实就是这个孩子在小的时候，家长没有时间、没有耐心去教育和引导孩子明辨是非、通情达理，最后她成了一个在家“啃老”而又蛮不讲理的“大公主”。现在要改变她，已经非常困难了。

所以，对孩子的教育引导，每一个阶段都很重要，一定不要错过，尤其是小时候。小时候是孩子是非观念形成的关键期，而且也是最易教育的阶段。树木长大了，长弯了，再来矫正，想想该有多难吧。

一个通情达理的人，不管走到哪里都会是一个受欢迎的人。孩子长大了，成为通情达理之人了，家长就可以放心地让孩子融入社会，展翅飞翔，翱翔在属于他们的天空，因为我们教给孩子的是能力和品质，是方法，是情商，是可以立身处世的利器，他们自然能够披荆斩棘，勇往直前。

二是要对人真诚，讲诚信。真诚而又讲信用是处理好人际关系的基石。一个人活得真实而自然，那么他就会活得坦然而轻松，因为他不用去隐瞒遮掩那些不真实的东西。在与人相处时，真诚地对待别人，也会让身边人感到轻松而可信任，别人也会真诚地对待你，从而建立起人与人之间基本的信任。有了信任，再有更多的交流、交往，便可建立友谊，友谊深了，便成了朋友。

所以，家长首先要以身作则，坦然地面对生活，面对身边的人，有事处理事，有问题解决问题，而不是顾左右而言他，回避问题，遮遮掩掩。

比如孩子特别喜欢吃零食，每天买很多零食，吃很多零食，家长发现孩子吃饭很少，于是骗孩子说："我们家没钱了，买不了零食了。"而孩子却发现家里买这买那都有钱，孩子的感受只会是家长欺骗了他。

这个例子中，家长没有直面吃零食对身体不好的问题本身，而是找了一个并不真实的理由拒绝给孩子买零食，其结果是，问题并没有真正地从根源上得到解决，反而让孩子觉得家长说假话，骗自己，这就是由一个问题生出了另一个问题。

如果家长直接给孩子讲吃过多的零食对身体有哪些坏处，让孩子懂得少吃零食对自己身体健康有益，那么家长少买零食，孩子虽然还是想吃零食，但觉得家长这么做是为了自己的身体健康着想，也就会克服自己想吃零食的想法，慢慢改掉过多吃零食的习惯，并初步形成正确的饮食习惯。这就叫真实，真实地直面问题，显示出对人的真诚。

与人相处要讲诚信，就是说话算话，说了什么就要做到什么，做不到的就不要说。比如约了别人什么时间在什么地点见面，那就要准时到达约定的地点，这就叫诚信。如果总是拖拖拉拉地迟到，别人就会觉得你这个人不诚信，从而失去信用。尤其是现代社会更讲究契约精神，无论是口头约定还是书面协议、合同，一旦约定，那就要按约定办事，这就叫契约精神，其实就是讲诚信。前面说到的是个人。其实，一个单位、一家公司更是如此，双方一旦签订购销合同，那必须按合同要求的条款按时履约，否则公司失信，导致合作失败，久而久之，可能导致公司倒闭。

家长一方面要以身作则，说话算话，给孩子做榜样，另一方面也要引导孩子在与人相处时讲诚信、守信用，做一个有诚信的人、一个值得信任的人。

一个讲诚信的人自然很容易获得他人的信任，与人处好关系自然就有了基础。

如果我们的孩子能够做到既通情达理又真诚守信，那待人接物必定是游刃有余了，那必定有良好的人际关系圈，内心充盈而踏实，生活幸福而滋润了。

三是懂得求同存异的道理。世界上没有两片一模一样的叶子，人也一样，世界上没有两个思想和感情一模一样的人。所以，求同存异是必然的处事规律和要求。

可是，生活中却并不是这样，很多人总是自以为是，总是以自己的想法度量别人的想法，总是以自己的想法要求别人的行为，其结果往往是事与愿违，关系越搞越僵，距离越来越远。不少家长也是这样，总是以自己的想法要求孩子，一有不如意，便埋怨、指责孩子。试想，一个未成年人的想法，怎么可能与家长的想法一模一样呢？一个未成年人怎么可能家长一要求，就能百分之百达成家长的要求呢？孩子达不到要求，心里难受、压抑，而家长也埋怨、指责，甚至给孩子贴上负面的标签，逼得孩子走向家长期望的反方向，亲子关系也渐行渐远，甚至走向对立。这就是生活中常常听人们说的孩子“逆反”了。

亲子之间是如此，其他人与人之间的相处更是如此。一个人如果总想身边的人按照自己的想法去思考、去做事，而不考虑他人的想法和感受，那身边的人注定是要与你渐行渐远的，或者是矛盾重重的。这样是处不好人际关系的。

我在平时生活中遇到不少家长咨询，他们常常说，现在孩子大了，越来越不听话了。其实，就是家长从来不听取孩子的意见和想法，小的时候，孩子没有办法反抗，现在大了，他再也不想按照家长的意思去做事情，而是想按照自己的想法去做事情。所以，他们并非不想听家长的话，并非要刻意与家长作对，而是他们有自己的想法了。很多家长却并没有意识到孩子的这一变化，还是按老方式去要求孩子，去命令安排孩子，最终导致家长越来越焦虑，孩子越来越压抑，亲子关系越来越紧张，就是这个道理。

每个人都是独立的个体，都有自己不同的想法和对事物不同的感受，每个人都要认识到这是客观的事实，进而尊重这一客观的事实，悦纳别人的不同，包容、接纳身边人的差异，然后寻找大家共同的想法，寻求共同的诉求或者利益。只要别人的“异”不影响、不危害自己的安全和利益，那这个“异”或许就是世界上不同的“色彩”，或许正是这种不同的色彩才造就了世界的丰富多彩，这个世界才有了许多新的发明创造，这个世界才日新月异，才绚丽多姿。去认可和接纳这个“异”吧。因为这就是客观的存在，这就是真实的世界。

如果能做到这样求同存异，那么人与人之间就能相安无事，甚至，因为不同而取长补短，获得一加一大于二的效果。那岂不是皆大欢喜？

我们再来谈谈在待人接物中必不可少的情商。

其实，在人与人的关系当中，人的情绪情感起着重要作用。如果在与人相处中，人的情绪是愉悦的，情感是高兴的，那这种关系自然是好的人际关系，而且关系也会越走越近。也就是说，人与人之间相处的情感体验，将决定人与人之间关系的亲疏。

那么，在人与人相处的过程中，如何感知这种情绪、情感，就显得相当重要。这种感知能力与回应能力，就是我们常常说到的情商。情商在人与人相处的过程中起着非常重要的作用，也是人应该具有的一种重要的能力。

既然情商这么重要，那么我们就仔细了解一下什么是情商，怎样来提高自己的情商。

人的情商，包括三个层次：一是感知自己的情绪，并能主动调整自己的情绪；二是感知他人的情绪，并能根据他人情绪的变化而积极地调整自己的语言和行为，以使对方的情绪向着良好的方向发展；三是感知他人的情绪后，能用自己的思想和言行主动去影响、引导他人的情绪向积极的方向发展。

情商的第一个层次是基础和前提。作为一个人，首先要有意识地去感知自己的情绪，认知自己的情绪，随时了解自己的情绪变化，做自己情绪的主人，而不是任由自己的情绪变化，被情绪牵着鼻子走。很多人情绪不稳定，经常发脾气，其实就是不具备情商的第一个层次，或者说没有修炼好。比如因为别人的一句话，自己就不高兴了，这个时候自己要感知到自己心情的变化，而不是在不自知的情况下，任由情绪泛滥，导致尴尬情况的出现。

然后要主动调整自己的情绪，感觉到自己心情有变化时，主动问自己：这是怎么啦？心情为什么会变化？为什么会不高兴呢？要主动分析心情变化的原因，找到原因，正确面对，排除障碍，让自己的心情好起来。比如前面谈到的因为别人一句话不高兴了的情况，如果对方是真的给自己提出了意见或批评，那么真诚地与对方沟通，有则改之无则加勉，消除不高兴的因素，这就叫调整自己的情绪。相反，因为别人一句话，自己不高兴了，脸色大变，甚至破口大骂，情绪失控，这就是没有主动感知自己的情绪，被情绪所左右了，没有主动调整自己的情绪，最后就成了“情绪的奴隶”。我们常说某某人脾气不好，易怒，往往就是这种情况。等情绪平静下来后，自己往往又觉得后悔，觉得不应该因为一点小事而大发脾气，然后又去道歉，弄得自己很被动。这其实就是情商的第一个层次没有做好，自己心情有变化而不自知，任由情绪蔓延导致的结果，这往往成为这一类人的“一生之累”“一生之痛”。因为他们没意识到问题所在，他们觉得自己就这脾气，改不了。其实，当我们认识了情商的第一个层次之后，只要主动感知自己的情绪，主动调整自己的情绪，主动管理自己的情绪，就可以“弯道超车”，就可以改掉自己的坏脾气，重新树立自己的“新形象”，成为一个“脾气好”的人。

所以，作为家长，在平时的生活中就要引导孩子。孩子从父母那里学到了调整情绪的方法，久而久之便有了调整自己情绪的意识和能力，就会成为情商较高的人。

其次，我们要学会感知他人的情绪，这也是我们与人正常交流必须具备的。这是情商的第二个层次。

在平时的生活中，我们也常常见到这样的情形，有的人在台上滔滔不绝地讲话，而台下的人看手机、交头接耳、来回走动，几乎没有多少人在专心听他讲话，可是他毫无觉察，仍然大谈特谈。其实，这样的讲话已经没有意义，因为，已经没有人在听他讲了，讲了也是白讲。

这就是情商的第二个层次没有修炼好。

所以，我们平时就要有意识地引导孩子与人相处时注意观察别人的表情、语气、语调的变化，教会他把人际关系的主动权掌握在自己手里，修炼好自己情商的第二个层次。

最后，情商的第三个层次，就是不仅要会感知他人的情绪，更要会主动影响他人的情绪，引导他人的情绪向积极的方向发展。这是情商在第一、二层次的基础上，向更高的维度拓展，从感知自己的情绪到感知他人的情绪，到主动影响和引导他人的情绪。比如亲人朋友心情不好，当你感知到以后，要主动与他们交流，通过语言或活动，让他们心情好起来。家人、孩子心情不好，可以通过交流解除他们心中的困惑，再送上他们喜爱的物品，就能让他们破涕为笑，脸上的阴云消散，心里的阴霾淡去，心情由阴转晴。又如单位职工出现了情绪波动，作为领导要学会感同身受，了解原因，消除职工心中的困惑，排除他们工作中的障碍，有意识地引导职工的情绪向着积极健康的方向发展。一个区域，乃至一个国家，当舆情出现时，也需要正确地引导群众，让群众的情绪回归平和。

在家庭中也是如此。孩子从父母那里学会了主动感知、交流，自然也会引导家人、同学、朋友的情绪向着积极的方向变化。

在这个社会大交融、国际大合作的时代，合作共赢已成为时代的要求和趋势，高情商为合作奠定了坚实的基础。

在生活中，不少家长一方面让孩子努力读书，一方面教孩子做事，这些都没有错。但家长们往往却忽略了孩子的情商培养。上学时跟同学处不好关系，出了社会与同事处不好关系，这十分影响孩子的幸福感。还有一个现象，现在一些孩子长大了，不交朋友，不结婚，其中一个重要原因，也是不知道怎样与异性相处，不知道自己想要什么，更感知不到别人想要什么，无法与他人链接。

所以，不能只让孩子埋头读书，其他什么都不管，这样做对孩子的成长是不利的。

孩子不仅要读书，还要做事，更要学会与人相处，多与同龄人一起做事，参与活动，将是孩子学会与人相处、提高情商的最现实也是最有效的途径。

比如可以让孩子在学校多结交一些志趣相投的朋友，在学习上、生活上相互帮助，相互成就。还可以让孩子多参加学校的社团活动，在社团活动中体会、体验如何与人友好相处。像学校的篮球队，在打篮球时，就需要队员之间的默契配合，在配合之中，队员之间免不了交流，在交流中友谊会得到加深，孩子在运动中也就自然地学会如何与人相处和如何交朋友。运动项目还有很多，诸如乒乓球、羽毛球、排球、足球、舞蹈等。

也就是说，家长不仅要教给孩子方法，更要让孩子去实践，生活即教材。在现实生活中，一些家长经常说："我跟他说过很多次，他就是做不好。"光讲道理，孩子也许根本就无法理解，只有通过实践，孩子才能知道怎样调整自己适应环境，这就是最大的收获。

"纸上谈兵"是教不会孩子的，让孩子融入生活吧。情商也需要孩子在体验中收获、培养和提升。

第五节　让孩子有一个健康的身体

健康的身体是成功人生、快乐人生的基础和前提。

毛主席说过："身体是革命的本钱。"现代更有说法："身体健康是1，其他的是0。"这些言论直截了当地表明了身体健康的重要性。

前面谈到的品质、习惯、目标、理想、情商等都必须以健康的身体为载体。有了健康的身体，才可能实现这些目标，才可能快乐成长、幸福生活。当孩子生病时，大家都有一种切身的体验，那就是，只要孩子身体好了，其他似乎都不那么重要了，足见身体健康的基础性、重要性。

家长要重视孩子的身体健康，那么要从哪些方面去教育引导孩子呢？具体该怎么做呢？

简单地说，就是教育引导孩子好好吃饭、好好睡觉、讲究卫生、适度锻炼。

1.“好好吃饭”。保持科学规律的膳食安排和均衡的营养摄入，不暴饮暴食，不乱吃东西

人要身体健康，首先要有足够的膳食营养补给。孩子的成长需要各种营养成分补给。

一方面，家长在安排一日三餐时要注意各种食物的均衡，合理搭配粗粮、细粮，肉类可以猪肉、牛肉、鸡肉、鸭肉、鱼肉等交替安排，蔬菜水果尽量应季安排。

另一方面，要教育引导孩子不暴饮暴食、不挑食，再好吃的东西也要有节制，也要适量吃，各种主食副食都要品尝食用，吸取丰富的营养，身体才会更加健康。

当然，吃东西也不是说见到什么食品都一股脑儿乱吃一通。现在社会上零食种类繁多，添加剂使零食口味重、味道全，特别吸引孩子们的味觉，可以说琳琅满目的零食让孩子们趋之若鹜。

巧巧从小爱吃零食，几乎坐在家里嘴巴就没闲下来过，已经养成了习惯，不吃就不行，再加上平时又不喜欢运动，最后成了肥胖儿童。她的习惯就是坐在沙发上一边看电视，一边吃零食。

所以，家长要特别给孩子讲清楚零食的危害，让孩子少吃零食，或有选择性地吃零食。

现在欧美的各种快餐食品特别流行，尤其吸引年青一代，不少快餐食品，脂肪含量高，营养成分单一，吃多了，对孩子的身体健康并无益处。所以，也要引导孩子少吃，尤其不能作为一日三餐的常规食品。

还有就是各种方便食品。方便食品其实是在人们不方便时吃的。比如时间紧，就泡一包方便面吃，比较省时间。外出不方便煮饭，带一些自热米饭，也能给人带来方便。这是方便食品存在的理由。但不少儿童却爱上了方便食品，经常想吃。其实，这是方便食品中添加的添加剂吸引着孩子的味蕾，让孩子欲罢不能，所以要给孩子讲明原委。方便食品偶尔食之也是可以的，但不宜作为常规食品，如果经常食用，可能会导致身体出现营养不良的状况。

值得注意的是，在购买食品时，一定要查看生产日期、保质期、生产厂家、生产地址、品牌等信息，要购买质量合格的产品，并在保质期内食用。也就是要注意饮食安全，形成食品安全意识。

只要营养合理、均衡、充足，身体健康就有了基础。

说到吃饭问题，还有一个特别值得现在的孩子注意的方面就是有规律的一日三餐，也就是按时吃饭。有的孩子早晨喜欢多睡一会儿，由于起床较晚，就没有吃早饭的时间，往往早餐就被忽略了，现在不少年轻人都有不吃早餐的习惯。如果经常不吃早餐，长此以往，会损害孩子的身体健康。还有一些孩子中午或晚上不按时吃饭，尤其是晚餐，有些孩子很晚才随便吃一点东西。这些习惯对身体健康都不好。现在不少孩子在初中阶段或高中阶段就出现胃病，这都与不按时吃饭有直接的关系。所以，家长一定要教育引导孩子，一日三餐按时吃饭，并养成良好的习惯。做事情的时候，吃饭时间到了就先吃饭，吃了饭接着再做，也并不耽误事情。这样就可以做到两不耽误。有的人很执着，事情没有做完就不吃饭，其实，这样的做法是不科学的。

2. “好好睡觉”。让孩子每天有足够的休息时间、规律作息，也是保证孩子身体健康的一个重要方面

休息是一个人消除疲劳，恢复体力和保持良好精神状态的主要方式。“一张一弛，乃文武之道。”休息是为了更好地工作和生活。有规律地生活、工作和休息，那么人就会有更好的状态。

对孩子来说，一天中什么时间起床，晚上什么时间睡觉，一定要科学安排，保证孩子有充足的睡眠时间。孩子越小睡眠时间要求越长，刚出生的婴儿，除了吃东西，其他大部分时间几乎都在睡觉。睡觉时生长素分泌旺盛，孩子就长得快，长得好。国家对中小学生的睡眠时间也有要求，小学生每天要保证十小时以上的睡眠时间，中学生要保证九小时以上的睡眠时间，足见休息对孩子的重要性。因为，孩子正处在长身体的阶段，充足的睡眠对孩子的健康成长来说是重要的保障。

生活有规律对身体健康是至关重要的。人的身体要健康，白天要有精神，晚上必须休息好。所以，家长要在孩子小时候，就帮助孩子养成早睡早起的习惯，而且要让孩子自己管理自己的睡觉时间、起床时间。

但这个问题，在孩子小的时候往往被很多家长忽视，孩子晚上玩到很晚都不想睡觉，家长无奈，只能陪着。后来会出现什么情况呢？就是早晨孩子赖在床上不想起来，晚上不想睡觉。最后这将导致家长天天为孩子的睡觉和起床操心，甚至焦虑。尤其是到了孩子上学以后，家长每天又要赶时间，但孩子的睡眠又没有形成规律，弄得人每天手忙脚乱、心烦意乱、焦头烂额，每天早晨都像打仗似的。

因此，家长要重视孩子的睡眠问题，同时要科学合理地安排孩子的作息时间，帮孩子养成规律的健康的生物钟。现在很多年轻人非常随意，晚上沉迷游戏、网络，白天蒙头大睡。再好的身体也经不起这样的折腾。

现在的职场上，很多人为了打拼，工作不分昼夜，经常加班加点，挤占了大量睡眠时间，轻者出现亚健康状态，重者出现一些极端病症。相关的新闻常见于各媒体，已不鲜见，应引起大家的重视。

3. 要实现身体健康的目标，另一个必要措施就是要进行适度的体育锻炼

生命在于运动，运动能提高呼吸的频率，能加快血液循环，提高新陈代谢，增强身体机能，让人更有力量，让人精力更充沛。

小孩子本来就喜欢跑跑跳跳，喜欢做各种游戏。这本身就是一种很自然的锻炼。我们要尊重孩子的天性，不要人为地打乱孩子的节律，要顺其自然地让孩子多活动、多运动。在这些活动中，孩子便得到了很好的锻炼。

孩子长大一些后，家长可以培养孩子的运动爱好，把锻炼身体融入孩子的生活。体育锻炼还有一个副产品，就是让孩子有吃苦的体验，有克服困难的机会。很多体育锻炼项目在练习的过程中都会出现肌肉的酸痛和心理上的痛苦，当孩子坚持下来，自然就克服了身体和心理上的困难，这对孩子身心的健康成长有积极的作用。

一位爸爸在谈到孩子的成长时，就说他的孩子从小就学习打乒乓球，小学、初中、高中、大学一直坚持打乒乓球。就是高考前孩子仍然每周末都去打乒乓球。家长的体会就是，通过打乒乓球，孩子的身体一直都很好，很少出现感冒等情况，同时，通过打乒乓球，孩子的意志力得到了锻炼，即使学习上遇到了困难，他也能迎难而上，主动克服困难。所以，孩子的学习成绩一直都很好，高中毕业后顺利考上了理想的大学。

可见，长期的锻炼，不仅能增强孩子的体质，而且能培养孩子坚忍的意志品质，可以说对孩子的帮助是多方面的。

4. 卫生对身体健康也很重要，包括个人卫生和环境卫生

俗话说“病从口入”，除了嘴巴，呼吸道、皮肤等都是病菌侵入人体的通道。所以，搞好卫生，防止细菌和病毒对孩子的侵害也非常重要。

要防止“病从口入”，除了食品、饮水要卫生以外，就是饭前便后要洗手，养成讲卫生的习惯，以最大限度地保证摄入的东西是干净的、卫生的。

要防止病菌从呼吸道进入人体，就要保证环境卫生，在一些有污染的环境中，要佩戴有过滤功能的口罩。

要防止病菌从人体的皮肤侵入，就要经常洗澡、洗脚、洗头，勤剪指甲，勤换衣服。

作为家长要及时将卫生知识教给孩子，并从小教育引导孩子讲究卫生，帮孩子养成爱清洁的习惯，要结合具体的生活场景，适时教育孩子，这样孩子既容易理解，也容易掌握相关知识。

第六节　培养孩子的安全意识和安全能力

安全意识、安全知识、安全技能可以为人生保驾护航。

人首先要有安全意识，才能时时处处注意安全；要掌握安全知识，才知道怎样做才安全；要通过训练培养安全技能，才能用行动保障自身安全。

那么安全都包括哪些内容呢？简单地说，安全包括饮食安全、交通安全、消防安全、用电安全、交往安全、活动安全、防水安全、劳动安全、心理安全等。

在孩子的成长过程中，家长要教给孩子相应的安全知识，让孩子学会相应的安全技能，形成做什么事情都要考虑安全性的思维习惯，也就是形成安全意识，并做到在安全的前提下去做事情。如家用电器的安全使用知识、家庭炉灶的安全使用知识、天然气的安全使用知识、防盗防偷防拐知识、影剧院火灾的逃生方法、商场集贸市场火灾的逃生方法、高楼的逃生方法、雷电的预防措施等，家长都要教给孩子。

家长要很自然地结合具体场景和情况给孩子介绍安全知识。比如家里用电热水壶烧开水，那么家长就可以教会孩子怎样插插头和怎样拔插头。水烧开了，怎样把开水灌注到水壶里才能避免烫伤。再如一家人外出旅游，在旅游景区，“走路不看景，看景不走路”是安全常识，因为景区要么是巍峨的高山，要么是美丽的秀水，走路注意安全就是常识，就是必需的。看了美景，到了晚上，就需要住酒店。到了酒店，安排好住宿，就可以带着孩子找到消防通道，并查看消防通道是否畅通，然后熟悉路线。一旦出现紧急情况，便于及时逃生。

同时，还要教育引导孩子在学校注意校园安全，包括学生宿舍安全、楼梯安全、大型活动安全等。

比如宿舍安全方面，应注意提高自我保护意识和警惕性，不要让陌生人随意进入宿舍，以防不测。晚上睡觉前要关好门窗，并检查门窗插销是否牢固。在宿舍内一旦遭到坏人袭扰，要保持冷静，鼓起勇气巧妙地与其周旋，并设法求得救援。不要在宿舍内追逐打闹，避免意外伤害。洗澡时要注意防止摔倒、意外划伤等。上下床铺时要注意安全，避免嬉笑打闹。睡眠时要保持良好的睡姿，避免从床上掉下来，造成身体伤害。正确使用电器，不要用湿手触碰插座及带电体，以免触电。不在宿舍点蜡烛看书，避免引发火灾。不在宿舍违规使用电热设备、炉具。用蚊香时，要放在安全的地方，与可燃物保持距离，避免引发火灾等。

家长还要引导孩子防范和应对校园暴力。面对有暴力倾向的同学，不能太软弱。他们毕竟是极少数人，要团结其他同学共同应对，同时应及时报告老师，通过学校的力量解决问题。要振作精神，自强不息。人都有弱点，但只要努力克服自己的弱点，就会消除极少数同学的偏见，避免受人欺侮。例如瘦弱者、肥胖者可以通过体育锻炼强健体魄，学习成绩差者可以通过努力学习赢得同学的敬佩，等等。要团结广大同学，寻求他们的理解和帮助。要注意自身的言行举止，融入同学群体之中，避免成为他人侵害的目标。应选择适合的文体活动，不去网吧、KTV 等场所。在学校和上下学的路上，尽量避免单独行动。如果遭遇校园暴力，要沉着冷静，想办法及时脱身并报告给老师和父母。如果发现校园暴力事件，应及时报告老师。要学会自卫策略，尽量不和施暴者发生正面冲突，想办法离开冲突现场，减少或避免对自己的人身伤害。

到了外面，不吃陌生人的东西，不跟着陌生人走，懂得防骗防拐常识。不私自外出游泳，不到不熟悉的水域游泳。家长带着孩子过马路时，要告诉孩子走斑马线，“红灯停，绿灯行”，并示范给孩子看。

另外，还要教给孩子地震避险知识和科学应对山体滑坡、泥石流等自然灾害的知识和方法。

同时，在潜移默化中，家长要引导孩子认识生命的宝贵，每一个人都是世界上独一无二的重要成员。所以，要珍爱生命。

“世界上没有两片完全相同的叶子。”自然界中没有完全相同的生命体，每一个生命都是独一无二的。正是这独一无二的生命体，让世界丰富多彩。所以，不要因为自己的不同，而轻视自己，其实这正是你独特的价值，世界因你而更丰富多彩。

同时，家长也要注意孩子的心理健康和心理安全，让孩子的心理各方面处于良好、正常的状态。

说到心理安全，可能大家会觉得是个新概念。小孩子在大人的呵护下，身体健康成长，没有受到任何伤害。我们会觉得，我们保护好了孩子，孩子是安全的。不错，从外在来看，确实是这样的。但是，大家看看生活中，一些孩子长得高高大大，似乎很健壮，但是心理却是畏畏缩缩的，遇到事情踌躇不前，在困难面前束手无策。其实，这就说明这样的孩子心里是没有安全感的。

要培养孩子心理上的安全感，一方面，是在孩子婴幼儿时期家长给予有效陪伴，让孩子感到安心、踏实，觉得世界是安全的；另一方面，要让孩子在学习、生活的方方面面习得本领。那么孩子内心就会变得强大，遇事就能从容不迫，恰当地应对。这样，孩子的内心就是真正安全的。

孩子们在学习、生活、人际交往、升学和自我意识等方面会遇到各种各样的困惑或问题。一方面，自己要不断地反思总结，调整方法，调整心态，以适应生活的方方面面；另一方面，也要多和同学、老师、家长沟通交流，获得他们的帮助和指导。

如果能够做到这些，那么，孩子的身心就是健康的、安全的。

值得注意的是，一些家长在面对孩子成绩不理想、做错事情时，因为心里着急，便不断埋怨、指责，甚至吼叫、打骂，让孩子一回到家里便担心、忧虑，甚至恐惧，给孩子心理带来极大的不安全感。

本来是安全港湾的家，却变成了孩子想回又有些不想回的地方，这是值得家长深思的。

所以，要想孩子心理安全，家庭就要营造宽松、和谐、包容、接纳的氛围，让孩子有话可以大胆说，有事可以放开做。孩子说错了话、做错了事，能够得到家长的接纳和正面的引导，让孩子在家里感到温暖、踏实、安心、安全，这是孩子心理安全的基石。

02

家长成长篇

第一章　家长应掌握的基本教育理念和方法

家长应掌握的基本教育理念和方法，主要是用来解决怎样培养孩子、什么时间点培养孩子的问题。

前面介绍了对孩子培养的内容和方法，家长应该就有方向了，知道从哪些方面去做了。但在培养孩子的基本素质时，家长要有正确的培养教育理念，并掌握科学正确的方法。

家长想具备正确的理念，掌握科学的方法，首先要了解孩子。了解孩子在不同年龄阶段的心理特点和心理需求后，便可以根据孩子的需要教育引导孩子，帮助孩子，给到他们生活、学习以正面、积极的支持。

第一节　抓住有利的培养时机

家长要抓住培养孩子的有利时机——“0 到 18 岁”。

孩子出生后，家长们都会遇到的“宝宝哭闹”的问题。不同的家长可能会有不同的解读、不同的处理方式。但家长的解读是不是孩子的真实需求呢？那就很难说了。当孩子只有几个月大的时候，由于他们还没有学会用语言表达自己的需求，于是就用哭闹的方式表达自己的需求。饿了，孩子会哭闹；渴了，孩子会哭闹；尿湿了裤子，孩子会哭闹；睡觉醒了没人理会，孩子会哭闹；缺乏安全感，孩子会哭闹。

到底孩子哭闹是什么原因，就需要家长去辨识，去检查。通过与孩子相处，通过对孩子细致的观察，慢慢地去了解孩子表达的内容，然后给予相应的帮助、支持，满足他们的需求，解决他们的问题。饿了就给吃的，渴了就给喝的，裤子打湿了就换干净的。大多情况下，当孩子得到自己需要的帮助和支持以后就不哭了。

但当孩子吃饱了、喝足了又没有尿湿的情况下还在哭闹，很多家长就犹豫了，有的母亲以为就是孩子爱哭、爱黏人。有的家长认为孩子哭累了就不哭了，认为孩子一哭就抱会惯坏孩子的。实际上，作为家长这时就应该分析孩子哭闹的真实原因。

其实很多家长不了解的是，这个时候正是孩子建立安全感最关键的时期。如果在这个阶段，父母对孩子的关注不够，孩子长大以后就会极度缺乏安全感。如果是孩子感觉到不安全，那家长就要给予孩子温暖、安全感满满的怀抱。

孩子在不同的年龄阶段会有不同的特点，0 到 3 岁，3 到 6 岁，6 到 12 岁，12 岁到 18 岁，都有相应的特点。每一个阶段，家长都应根据孩子的不同特点，给予孩子相应的关怀和帮助。如果一个阶段的关怀不到位，那么必然会影响孩子下一阶段的成长。

下面，我们就分阶段来了解学习吧。

一、0~3 岁

0~3 岁是人生最重要的阶段，犹如高楼大厦的地基一样，将决定这座高楼的高度。

这个阶段的孩子，对周围的世界完全陌生，所以首要心理需求就是安全感，我们把从出生到 1 岁半这一时期叫作安全感建立期。

这一时期，孩子对妈妈的依赖是正常的，孩子一时一刻也离不开妈妈，离开他就会哭，就会紧张。因为孩子一出生第一眼看见的就是妈妈，妈妈照顾他，给他喂奶，逗他玩耍，陪他睡觉。妈妈是他最先认识的人，他觉得跟妈妈在一起是最安全的。所以，婴幼儿黏妈妈正是建立安全感的过程。孩子再大一些，就会去探索更大的世界，认识更多人，了解更多物，孩子 1 岁半至 3 岁就进入了探索期。

下面我们就分两个阶段对婴幼儿的特点进行介绍。

1. 安全感建立期：0~1.5 岁

安全感建立期很重要，尤其前几周对安全感建立至关重要，有了安全感，孩子的人格才会逐步发展。

一个安全感不足的孩子，会表现出一些特质，比如爱哭、胆小、容易主动攻击别人。就像猫和狗在一起时，猫总是先动手，因为猫自己内心害怕，担心狗要咬它，担心自己打不过，其实就是猫没有安全感。孩子也是一样，因为自己弱小，内心不安，所以想用主动攻击来保护自己。安全感不足会影响孩子自信心的建立，因为不安全感会让孩子觉得自己比别人要差，很容易往坏的方向去想。

那么如何正确帮助18个月以内的孩子建立安全感呢?

家长的陪伴是最重要的，比如可以让孩子挨着父母睡觉，一岁半以后再分床睡，可以小床挨着大床，四五岁时再慢慢让孩子独立睡觉。

孩子有了安全感，才会、才敢去探索这个世界，也就能顺利进入下一阶段的探索期。

2. 探索期：1.5~3岁

人们常说“三岁看大，七岁看老”，足见安全期和探索期的重要性。孩子的身体里天生就带着强烈的探索欲，孩子从一出生就在用他们的身体去探索他们身边的一切，正是这样的探索使孩子拥有了生存的基础能力。

当孩子的手有一定的抓握能力以后，就会随手抓起身边的东西，先是把东西送到嘴里，用嘴去感知这个事物，再大一些了，就会拿着东西在手里把玩。比如一些小玩具孩子拿在手里摇晃，如果小玩具能够发出声音，他会觉得特别好玩。当孩子把手上的物件摔到地上，发出清脆的声音，孩子也会特别兴奋、好奇，并反复把物件摔到地上，反复去实践。哦，他知道了，原来东西摔到地上是会发出声音的，他又探索到了一个自然现象。我们在生活中会发现，探索期的孩子常会把东西往地上摔，就是这个道理。

他并不是想破坏这个东西，而是在探索。

再如孩子刚学会走路，一直走在平整的路面，突然遇到一个小坑，人颠簸了一下，孩子先是一惊，然后会突然兴奋得笑出声来，并反复去踩踏那个小坑，这就是在探索，用自己的脚去感受不一样的道路，一点一点地去增加对这个世界的认识。哦，原来路面还会有小坑，以后走路就要注意看清楚路面了。这就是在积累生活的知识。

所以，在生活中，我们要允许孩子的探索行为，只要是安全的，不影响他人利益的探索行为，家长要放得开。在保护好孩子安全的前提下，大胆地让孩子去探索这个世界。

但是生活中我们却见到很多违背孩子成长规律的现象，有的家长总是以各种理由去阻止孩子探索这个世界，让孩子的思维和行动都停止了下来，这极大地影响了孩子的正常成长，甚至限制了他们未来的发展。

比如前面谈到的，刚学会走路的孩子不断去感受那个不平整的路面，因为在家里地板都是很平整的，外面的路面也绝大部分是平整的，偶尔遇到地面的坑洼，对孩子来说那绝对是新鲜事物，新奇的感觉一下子激发了孩子探索的兴趣，所以他想反复地去感受。孩子就是这样一点一点地增加着对这个世界的认识。但是有的家长，一看到地面有坑洼，担心孩子摔倒，一下子就把孩子抱开了，或者阻止孩子反复去尝试，觉得一个坑洼有什么值得反复去踩踏的呢？再如孩子见到地面上的小水坑，也会反复去踩踏，溅起的水花让孩子心花怒放、兴奋异常，甚至手舞足蹈。而我们家长呢，觉得哎呀，把鞋子打湿了，把裤子弄脏了，于是不让孩子去踩踏，不让孩子去探索。如果家长老是这样，孩子探索世界的好奇心就会被慢慢地消磨掉。孩子也就失去了在生活中探索世界的机会。又如孩子刚学会爬时，孩子的活动范围就增大了。原来只能躺在床上用手去探索身边够得着的事物，范围很小。孩子能爬了，他就可以试着去探索周围的事物。孩子在床上爬时，家长觉得还可以，但当孩子到室外活动时，家长生怕孩子的衣服弄脏了，就是不让孩子在地面、草地等地方爬行。其实，这样的爬行对孩子的成长是极有帮助的，带来的成长是多方面的。爬行对孩子的身体来说，可以增加孩子的上肢、下肢和腰部的力量，同时还可以锻炼孩子大脑的指挥协调能力，对促进孩子的脑部发育也是非常有帮助的，爬行是促进孩子大脑生长发育的重要方式。孩子看到、触摸到更多的东西，了解了更宽的世界，直接的好处就是增加了孩子的认知范围，同时自然就增加了孩子的自信心。因为他觉得靠自己的努力就能认识更多的事物，看到更大的世界。

还有一种情况就是，家长看到孩子能爬行了，认为就要开始学走路了，马上给孩子买来学步车。这样既让孩子失去了通过爬行探索这个世界的机会，又让孩子失去了通过爬行促进大脑发育的机会，更让孩子失去了从爬行到直立行走这一自然成长的过程。

如果我们稍加留意就会发现，如果一个孩子的探索行为被成人强行制止，孩子就会感到非常痛苦。可是，令人痛心的是，很多家长还不自知，而且还理直气壮地觉得“都是为了孩子好”。其结果是，主观想法和实际起的作用南辕北辙，事与愿违，好心办了坏事。这些都是家长对孩子的成长规律不了解所致。所以，家长也需要学习，需要成长。

（1）阻止孩子自由探索的危害

①注意力被破坏

如果孩子的探索总是被大人打断，那么孩子的注意力将被破坏，因为孩子探索时是很专注的。现在很多孩子在学校读书，上课时经常“人在教室心在外”，注意力很不集中，无法专注地听老师讲课。也有很多孩子做作业时无法保持注意力集中，一会儿想东一会儿想西。这些都跟孩子小时候想去探索而被不断阻碍有关系。

②探索能力被破坏

孩子玩沙子是不行的，玩水是不行的，与别人交朋友是不行的，去外面玩是不行的，把家里的玩具搞得乱七八糟的也是不行的，把手伸到电风扇里面去更是不行的，怎么样都不行，做什么都不行。这也不行，那也不行，就只有不探索了。难道孩子什么都不干，就呆呆地坐在那里，像一个傻瓜那样家长就放心了吗？

孩子不去探索，对生活就失去了好奇和热情，他就会慢慢地自我封闭，变得很不开心，各种心理疾病也就都来了。

③身心受损

如果儿童的探索欲得不到满足，就会变得压抑自卑，外在表现可能是易怒、多动。

④选择能力被破坏

家长包办代替式教育让孩子什么都不用思考。孩子饿不饿，妈妈说了算。孩子冷不冷，妈妈说了算。所以，孩子即使长大了，也不知道自己内心的意愿，选择能力很差，总是犹豫不决、摇摆不定。

包办代替式的教育，让孩子什么都不会做，什么也不想做，成为一个生活的旁观者，孩子遇到困难哪还有心思去克服？学习上哪还有动力、毅力？

（2）错误的做法与正确的做法

①错误的做法

既然要放开手脚，有些家长就说了，那孩子摔倒了就不用管他，让他自己爬起来就好了。我们来分析一下孩子的感受。孩子摔倒了，眼里流着泪，心里难过极了，极其需要家长的帮助，你却说勇敢一点。孩子想：哇，我摔倒了，需要你的帮助，你竟然不帮我，还要我自己爬起来，爸爸妈妈好冷漠哦。以后孩子的心里就没有“帮助”的概念。孩子会认为我必须独自面对困难，即使长大以后，遇到任何事情，都自己咬着牙默默承受，承受不了，哪怕采取一些极端的危险的方式，也不跟家长说。因为在他的印象中，即使说了也没有用，他已经不懂得运用资源。这样的孩子是非常可悲的，明明有父母无条件的爱，但在遇到难处时，却不知道求助。所以在孩子需要时，家长一定要及时给孩子提供温暖可靠的帮助，而不是冷漠的对待。

第二种情况：不管孩子需不需要家长都要给予帮助。当孩子摔倒时，家长非常着急地冲过去把孩子抱起来安慰。那么孩子摔倒的第一时间把他抱起来好不好呢？不一定。如果孩子摔倒了，也没有哭，他能够自己爬起来，他也正准备自己爬起来，这种情况下，其实孩子根本就不需要你的帮助，如果强行帮助，以后他会怎么想呢？只要我摔倒了，爸爸妈妈就会跑过来把我抱起来，帮我解决所有困难，有困难就有人替我解决，所以我的人生我根本就不用担心，爸爸妈妈都会给我打点好的。这样的方式，其实就是溺爱孩子。温室里长大的孩子，将来怎么去面对这个世界的风风雨雨？

第三种情况：出了状况，家长就怪罪环境或他人。这类情况是某些家长，特别是有些爷爷奶奶、外公外婆，为了安慰孩子采用的错误方式。孩子摔倒了，竟然去打桌子去踢地板，还边打边骂桌子坏，把我的宝贝绊倒了。明明是孩子不小心，或能力不足，却牵强附会地去责怪周围的环境或他人，这样只会导致孩子一辈子都学不会为自己负责，一旦出现生命困境，孩子都认为是别人的原因，都是别人害的。这样的孩子成年之后啊，最常说的话就是，都是你害的，要不是因为你啊，我怎么会这样呢？全都怪你。

②正确的做法

当孩子摔倒时，首先要确认孩子是否真的需要帮助。如果是需要，那么我们可以伸出一只手，坚定地告诉他：来，爸爸拉你。这就是既温暖又可靠的帮助。一来孩子感觉遇到困难有爸爸妈妈的帮助，我是安全的，孩子的安全感就建立起来了；二来我们伸出一只手，孩子抓住我们的手，自己站起来，孩子既获得了帮助，又是自己站起来的，孩子会感觉他的命运是掌握在他自己的手里的，那么孩子以后碰到自己解决不了的困难时，就会主动向爸爸妈妈求助，就能妥善解决困难。

通过这么一个简单的事例，我们可以举一反三，去梳理孩子探索期的心理需求和家长要给予的合理帮助。孩子的教育培养是技术含量极高的细致活，需要温暖的关怀和细腻的爱。家长平时的做法对是不对，要多做反思，多做改进。

“担心孩子的身体受伤害”和“保护探索精神”正好是相对的两个极端，前者要尽可能地限制孩子的行动，而后者是必须在孩子自由活动中去完成的。因为探索是试错的，探索当然会付出一些代价，也许孩子会受一些小伤，会有一些失败，会受到一些挫折。所以，家长要在孩子的身体不受到伤害的基础上，尽量做到让孩子自由地探索，为孩子创设可探索的事物和空间。

同时还要通过学习，做有准备的家长。如果家长什么都不懂，等孩子出现这样那样的问题就麻烦了。如果家长从孩子小时候就开始学习相关知识，有了给予孩子正确教育的能力，孩子就不会出现上述不利于成长的情况。

所以，在孩子的探索期，我们一定要大胆放开，让孩子自由自在地去探索身边的世界，作为家长能够很好地陪伴孩子去探索就好。在这一阶段，如果孩子能够充分探索，那么他的注意力会很专注，他的探索能力会很强，他的表达能力、判断能力、交际能力都会得到比较充分的发展。可以说他能够走到哪里玩到哪里，会活得很开心、很奔放，会拥有更加美好幸福的人生。

二、自我认同期：3~4 岁

孩子到了 3~4 岁，会有许多疑问，他看到奥特曼，就会想我可以做奥特曼吗；玩变形金刚的时候，他会想我可以像变形金刚那样吗；看到电视里孙悟空的各种变化，他甚至会想，我可以像孙悟空那样不断变化吗。

他想知道我是谁，他想对自己进行认同。他会比较自己跟爸爸有什么不同，他甚至会扮演不同的角色，他会模仿各种他看到的角色，体会我跟别人有什么不同，他通过角色扮演来建立自信心。

自我认同期，正是孩子建立自信心最关键的时期，家长要经常认同孩子，帮助孩子逐步建立起自信心。比如孩子去扮演各种角色，我们要去认同孩子。宝宝好酷哦！宝宝可以捉妖怪了哦！宝宝做的变形金刚好威猛哦！这就是在让孩子做自我认同，让孩子感受到我是勇敢的，我是有力量的，那么孩子的状态就会越来越好。

反过来，如果这一时期，孩子对自我认同的各种探索、尝试，遭到大人的嘲笑打击，就会导致孩子的自信心建立不足，也容易导致孩子自卑，甚至很多小孩成年之后，一辈子都无法确定自己的人生角色，一生都在寻找“我是谁”。

所以，在这一时期，孩子在寻找认同，家长就要给予配合，给孩子积极的支持，看到孩子的努力，看到孩子探索和尝试时，及时地给予肯定、赞赏。那么这个时候，孩子就会得到自我认同，强化自我认同，由内而外地认同自我，建立自信心。

三、竞争期：4~6 岁

孩子到 4 岁以后，就特别喜欢竞争，喜欢挑战别人。赢了就特别开心，输了就生气，就哭泣，但是待会儿又想玩。我们经常见到一些小孩子见不得又离不得，特别喜欢一起玩耍，玩一会儿又哭哭啼啼的，就是这个原因。

其实呢，竞争期是孩子成长的一个必经阶段，尤其是赢的感觉，能让孩子获得心理养分，让孩子更加坚强。

如果孩子在这个阶段很少参与竞争，或者输多赢少会怎样呢？孩子可能就会害怕与别人竞争，害怕失败，就会不敢参与竞争。

那么，在孩子处于竞争期时家长到底该怎样做呢？那就是要多创造一些竞争的机会，多让孩子参与竞争，多让他获得赢的感觉。如果他小时候经常参与竞争，等他长大之后，即便比赛输了，他也会说下次再来，即便在工作当中碰到挑战，他也不会害怕，这就是在竞争期通过充分的竞争给孩子培养起来的坚强、不怕输赢的心理优势所带来的结果。

一方面，多创造机会与同龄的小朋友一起玩耍，让他们在玩耍中竞争，并体会输赢的感觉。随着体验次数的增多，孩子就明白了，这次输了，下次又赢了。孩子慢慢地就总结出来了：输赢很正常，以及要怎样努力才能赢。通过这样的体验，他就会获得很多的人生经验。

另一方面，家长在陪孩子玩耍时，要有意无意地多让孩子体会赢的感觉。比如与孩子一起游泳时，大家一起玩打水仗，大人肯定能赢过小孩，家长就可以假装被他们打得落花流水，并称赞孩子太厉害了。

有的家长带一个孩子就弄得一家人筋疲力尽，十分辛苦。其实如果家长懂得孩子的成长规律，了解教育孩子的正确理念和方法，就是带两三个孩子也是愉快的经历。

总之，家庭教育真的非常重要，今天很多父母都是“无证上岗”，更多的是因为爷爷奶奶那一代生活十分艰苦，他们又没有学过怎样教育我们这代人。我们这代人呢？被这个社会赶鸭子一样，天天忙着赚钱，还房贷，还车贷，更难得有时间去学习如何教育好我们的孩子，所以，在当今社会，家庭教育出现那么多问题，出现那么多有问题的孩子，确实有一些时代的背景。但这并不能成为教育不好孩子的理由，因为家庭教育关乎孩子一生的幸福，同时也会影响整个家庭的幸福。

四、关心期：6~12 岁

孩子到了这一阶段，除了家庭成员外，开始和其他人有了更深入的人际交往。孩子与其他小朋友玩耍时，会慢慢地发现，我对别人好，别人才会对我好，他对我好，我就要对他好，要不然我就会被孤立。6 岁以后，孩子开始交很多朋友，有了自己的闺密，有了自己的铁哥们儿，并且会区分谁跟我玩得好一点。

这个年龄阶段的孩子还会出现小团体，有的孩子可能会孤立别人，有的孩子可能被别人孤立，无论哪种情况都会严重影响孩子的内心成长。

孩子到了这一阶段，家长要怎样帮助孩子呢？

一是要帮助他交朋友，多陪孩子一起玩。有的家长看见孩子成天待在家里，看电视、打游戏，就是不出门，心里着急。孩子不出门交朋友，原因是多方面的，可能孩子没有建立起安全感，也可能是探索期被家长限制了，他的内心是没有力量的，他是没有自信心的，他是害怕的。怎么办？

要先陪孩子一起玩。比如一群孩子今天打篮球，家长就去跟他们一起玩这个游戏。

二是创造机会让孩子多结交优秀的朋友。家长要引导孩子选择道德品质好、自律性强的朋友，经常邀请优秀的孩子来家里跟孩子一起吃饭，一起看电影，一起做游戏，一起打篮球。总之，多创造机会让他们一起玩，建立友谊，成为好朋友。这样孩子就有了自己的人际关系圈，就可以增强内心的充盈感。

另外呢，一个值得注意的问题就是，如果孩子被别人孤立，家长要及时介入，了解、关心孩子，帮助他排除障碍，摆脱困境。

小姝今年上小学六年级，平时跟同学的关系一直很融洽，每天上学放学，有说有笑。突然有一天她从学校回到家里，就好像换了一个人一样，什么话都不说，饭也不吃，就把自己关在房间里，也不出来，学校也不去了，这样持续了一周的时间。家长急得团团转，由于担心孩子会出什么事情，父母破门而入，强行把她送到了医院，但孩子还是不说发生了什么事。

一个女孩子才 12 岁，会有什么心病呢？哦，她这个年龄处于关心期，也许她在学校被孤立了。于是父母连忙赶到学校询问其他同学，终于找到了事情的真相，原来是这样的。

孩子 12 岁了，有一天上课突然来了月经，她自己也不知道，于是血把座位染红了。这本来没什么，可后座的男孩看到了，这个男孩根本就没有这个生理知识，他就感觉这个女孩生了什么病，会传染，于是就四处传播这个女孩子有传染病。这导致同学们一个个都躲着小姝，生怕被传染，没人敢跟她说话，也没有人理她。可以想见，她有多么痛苦啊，她在学校煎熬了一周，实在是太压抑了，受不了了，干脆就不去了。但是她又不敢跟父母说，因为父母一向很严厉。

最后在老师的正面引导下，全班同学终于明白了是怎么回事，小姝又被同学们接纳了，学习生活又回到了正轨，一场危机终于解除。

所以，如果孩子被别人孤立，家长首先一定要接纳孩子，而不是指责孩子，接下来是共情孩子，分享自己以前被别人孤立时是什么样的感受，最后再跟孩子一起面对问题，分析原因，找到解决问题的办法，一起去解决问题，消除成长中的烦恼。

当孩子在外面孤立别人时，我们也要告诫他，应该友善地对待他人，做到将心比心，不能孤立别人。

所以，家长在这一时期，一定要懂得孩子的心理状态。一旦孩子遇到人际关系的烦恼，家长就要及时介入，给到孩子积极的心理支持，让孩子得到及时的、有效的、雪中送炭般的关心。

五、亲密期：12~18岁

1. 亲密期孩子的特征

这个时期的女孩，开始注意自己的形象，开始化妆、穿自己喜欢的衣服，有的开始追星、关注男生等。这个时期的男孩，会在网络上与异性聊天，喜欢在女生面前表现自己。

2. 这一阶段家长要怎么做

第一，家长要提前给孩子讲解性知识。家长要把性知识、性防御和可能的性伤害都讲给孩子听，要帮助孩子理清爱情跟性的关系，让孩子知道情感、性的界限，要明确地告诉孩子不可以和他人发生性行为，让孩子懂得性行为的后果。因为这是科学，家长可以不尴尬地正常地将性知识传递给孩子。

第二，家长要跟孩子成为好朋友，让孩子有什么心里话能跟家长说。家长和孩子成为朋友，孩子会跟你讲他们班上男孩女孩的八卦，他的心门会向你敞开。这时家长听着就好了，千万不要板着面孔说，你就整天谈这个，不好好读书。如果这样，孩子以后就不会跟你谈这些事情了。如果在孩子这个年龄段，家长与其关系处理得不好的话，或者还是采取一贯的权威式的管教方式、家长制的作风，那么他可能什么都不跟你说了。如果孩子过于压抑，更容易到外面去找心灵寄托和情感依赖。

所以，家长在这个阶段一定要摆正心态，走进孩子的内心世界，成为孩子的朋友。要成为孩子的朋友，就要了解孩子；要了解孩子，就要多与孩子交流。如果能成为孩子可靠的心理港湾，那么孩子有什么就会直接跟家长交流，就能少走弯路，不容易出现早恋现象。

其实，每一个孩子都犹如一颗天然的种子，他们来到这个世界，并不需要太复杂的生存条件，有足够的爱和心理养分就足以让他们成为他们自己的样子。不需要太多施肥，也不需要太多规则和人为干预，每一个孩子都被宇宙赋予了神圣的使命和生命蓝图，他们会经历他们应该经历的一切，家长只需要遵循孩子的成长规律，给予陪伴关照就好。

第二节　孩子要改变，家长先改变

孩子要改变，家长先改变；家长一改变，孩子就改变。

有的家长可能会说，原来不懂怎么教育孩子，现在孩子已经出现了问题，怎么办？

凡事总有办法的，孩子出现了问题，我们首先要敢于面对问题，然后想办法解决问题。要解决问题，就要分析问题，找到产生问题、出现问题的原因。只要找到了产生问题的原因，就能找到相应的解决办法。

其实，孩子的很多问题，究其原因都与家长的教育理念和方法有关。如果家长的教育理念和方式方法有问题，那么就要改变。

为孩子而改变，也是为自己而改变，自己改变了，子女的问题可能也就会随之而改变。因为父母的问题是因，孩子的问题是果。很多家长抱怨自己的孩子不跟自己说话，自己说话孩子也不愿意听。究其原因，其实就是家长平时说话总是教训的口吻，孩子一旦出现什么问题或者做错什么事情，家长总是指责、埋怨，甚至给孩子贴上负面的标签，同时，孩子说什么家长又不愿意听。在这样的家庭氛围中，孩子怎么会愿意和家长说话呢？怎么会愿意听家长说话呢？家长如果愿意改变说话的方式，变得亲切平和，孩子自然愿意听家长说话。孩子说什么家长都认真聆听，并给予积极的回应，那么孩子自然愿意跟家长说话。

如果能这样，自己的问题解决了，孩子的问题也解决了，与子女的关系也会更协调，更和谐，更亲密，自己的生活质量也会随之而提升，家庭也会更加幸福。

随着家长的改变，孩子的问题往往也就解决了，这是皆大欢喜的事情。

丽丽的孩子七八岁时，正是丽丽的店子生意特别好的时候。丽丽起早贪黑地上班，每天回家总是精疲力竭，如果有点其他事情，丽丽便再没有精力应付。所以丽丽总是没有耐心，心情烦躁，发脾气，弄得一家人气氛紧张。孩子也总是看着妈妈的脸色担惊受怕、畏畏缩缩，生怕妈妈又生气了。

丽丽觉察到了这样的家庭氛围，于是开始反思，我该怎么办呢？这样下去可不行。

她想，只有通过学习才能找到答案和解决的办法。于是她调整了工作节奏，挤出一些时间，找来了一些相关书籍，开始阅读。她一边看书中的内容，一边结合自己的情况进行反思。她终于找到了原因，一方面因为工作太忙，自己很疲劳，神经绷得很紧，遇事就没了耐心；另一方面，原来自己内心非常敏感，外界稍微有一些小刺激，就会引起自己内心巨大的波动，但自己却不自知，而这种内心的波动带来的就是自己情绪的起伏。

找到了原因，丽丽开始注意自己内心的情绪变化，当内心情绪有波动时，她就有意识地去感知，并理智地去调控它。同时，她聘请了售货员，缩短了自己的工作时间，减轻了自己的工作强度，增加了自己的休息时间，让自己紧绷的神经松弛了下来。慢慢地，丽丽变得平和多了，发脾气的时间也少了，家庭氛围也变得轻松多了，孩子在她面前也显得自然放松，有啥说啥，变得有说有笑、开朗大方了。

就这样，丽丽学会了调整工作节奏，调节自己的心情，疏缓自己的情绪，让自己变得平和起来。她终于明白，原来孩子性格不好，都是自己经常发脾气造成的。自己一改变，孩子性格都变得平和了，一家人的生活质量也随之而提升了，变得更加幸福了。

丽丽通过学习、反思，给孩子和家庭带来的改变真是立竿见影。

所以，孩子有问题，家长要敢于从自己身上找原因。看看是不是自己的性格脾气有问题，是不是自己的教育理念和方式方法有问题，如果有问题，家长首先要改变自己。

也许有的家长会说，自己的脾气已经这样了，很难改变。很难改变并不意味着不能改变。只要你想改变，愿意改变，决心改变，它就能改变。左宗棠在30岁以前也脾气暴躁，人际关系很差。30岁以后，他开始静下心来读书。他通过读书学习，学到了很多知识，提升了自己各方面的素养，终于改变了火暴的脾气，慢慢建立了良好的人际关系，聚拢了身边人的心，最终取得了卓越的成就。

为了孩子改变，其实也是为了自己而改变，为了家庭而改变。人嘛，活到老学到老，不会的我们就学习，有问题的我们就改变。

这才是人生，才是永远都充满希望的人生。

而有的家长总是盯着孩子的问题，总是要求孩子，你要怎么样改变，你要怎么样做，埋怨孩子不听自己的话，埋怨孩子没有做出改变。自己一点也不改变，孩子怎么能改变呢？

去勇敢地改变自己吧，各位亲爱的家长。因为家长一改变，孩子跟着就改变了。我们就是孩子的行为示范，就是孩子学习和模仿的对象，孩子时时处处都在看着我们，我们就是孩子的榜样。我们的改变，孩子会看在眼里，记在心里，他们也会学着改变。

很多家长最爱说的一句话就是“一切都是为了孩子”。那就拿出行动来吧，为了孩子的健康成长而改变。只要行动起来，你将获得超出你预期的收获。

小刚是初中二年级的学生，他经常以大欺小，动辄不对就动手打同学，还让同学给他做他自己应该做的事情，比如打饭、扫地等。一次，因为小刚又与同学发生了摩擦，老师把他的妈妈请到了学校，协助教育她的孩子。老师将小刚和与他发生矛盾的几位同学及家长都请到了办公室。小刚的妈妈一到办公室，在不了解具体情况的前提下，就当场责问其他学生为什么欺负他的孩子，并指责是其他同学不对，一点也不找自己孩子的问题。

这一交流我们就发现，正是小刚的妈妈过于袒护他，才造成了他难以与同学搞好关系的结果。因为小刚与同学一发生矛盾，他总是指责同学，甚至大打出手，从不找自己的原因。原来他的母亲一直就是这样做的，他的思维模式与他的母亲几乎一模一样。

所以，我们发现，一个有问题的学生后面，总有一个有问题的家长。而其他学生的家长，来到学校后，首先是询问自己的孩子发生了什么事情，情况是怎样的，并批评自己孩子犯的错误，然后询问自己的孩子应该承担什么责任，教育自己的孩子有错误就改正。这些孩子在家长的正确教育下，学会了担责，而不是埋怨别人。所以，其他孩子的人缘都比小刚好。

小刚的妈妈应该反思，为什么自己的孩子总是与别的孩子发生矛盾，甚至大打出手。正是因为家长平时总是袒护自己孩子的缺点和错误，孩子就错误地认为，发生了矛盾都是别人的错，别人就应该凡事都让着自己。

小刚的妈妈首先要改变自己的观念，孩子错了就一定要指出来，并教育他去改正错误，让孩子知道什么是对、什么是错，有基本的是非观念。对的才去做，错的就不去做，这是底线。与别人发生了矛盾，首先要找自己的原因，然后互谅互让，自然就能和身边的人搞好关系了。因此，要改变小刚，他的妈妈首先要改变观念和方法。这样才可能让小刚树立正确的观念，在未来生活中建立良好的人际关系。

如果看到孩子的问题，家长总是埋怨孩子，只是一味地要求孩子改变，而不探究孩子问题背后的深层次原因，不分析孩子的问题与家长的关联，只是在那里坐等孩子的改变，而家长却不做任何改变，那效果也是不理想的。因为孩子的有些问题，根源在家长那里。

所以，遇到孩子的问题时，家长的反思和改变是至关重要的。前面例子中的小刚就是这样，他的妈妈只是指责其他孩子，甚至连自己的孩子也不教育，更别说找自身的原因了，那她的孩子怎么能改变呢？如果她以后在孩子出现问题以后，和孩子一起分析原因，找到问题的根源，帮助孩子正确地认识自己，承担起自己应该承担的责任，那么小刚将不会再那么任性，那么目中无人。如果他知道了发生矛盾很多都是自己的原因引起的，那么他就会改变自己，逐步学会怎样与人相处，与同学发生摩擦的概率自然就会减少。即使发生了矛盾，他也会寻找自己的原因，然后学会去处理和解决这些矛盾。那这样，他就走在了改变、成长的道路上。

那么怎么去改变呢？

具体来说，可以从三个方面去改变：调整亲子关系，调整家长的身份定位，改变孩子的成长方式。这是让孩子健康成长的三把“金钥匙”，非常好用，百试不爽。

首先是调整亲子关系。

家长可以通过调整亲子关系，逐步与孩子建立和谐、亲近的关系，为其他方面的教育和引导奠定人际关系氛围的基础。

现在不少家庭亲子关系是命令式、控制式、压迫式的，就是我们常说的家长制作风，一切都是家长说了算，呈现出来的方式就是“我说你听”“我说你做”。孩子小的时候，家长还觉得孩子听话，家长怎么说，孩子怎么做，家长不用怎么费心。可是随着孩子慢慢长大，自主意识增强，家长就有了另外一种感觉，孩子怎么越大越不听话了，越大越不懂事了呢！有时孩子还要顶撞家长，这让家长觉得越来越烦恼。

到这个时候，家长们，孩子还“听不听你说”，孩子还“跟不跟你说”？

孩子喜不喜欢听你说话，其实你只要看孩子听你说话时的表情就知道了。是兴高采烈的，是不耐烦的，还是愁眉苦脸的？

如果是前者，说明孩子愿意听你说。如果是后者，说明孩子已经非常不愿意听你说了，甚至已经很反感你说话了，但是我们有些家长并不自知，唠叨个不停，还振振有词地说：“我还不是为你好！”

如果是后者，其实说明你们的亲子关系已经不好了！亲子关系不好，孩子又怎么会听你的话呢？

因此，在这样的情况下，家长所有的教育和引导都是苍白无力的，效果是不好的。因为孩子从内心就不愿意接受你的意见，他在心里对你的意见是排斥的。

这种亲子关系，最终导致的结果就是，孩子不愿意听家长说，有心里话也不跟家长说。亲子关系变得疏远，甚至走向对立。

这时就需要调整亲子关系，才能达到家长想要的结果。

那怎样调整亲子关系呢？

家长只要做到一个最基本的点，亲子关系就将发生根本性的改变，那就是——尊重。

尊重孩子，与孩子平等相处。怎样尊重孩子呢？

很重要的一点是要从内心真正去承认，虽然他们还是孩子，而且是自己的孩子，但他们也是有尊严的独立的个体。

家长要蹲下身来，听孩子说，让孩子做事，允许孩子思考，尊重孩子的想法，让孩子自己选择、自己决策，自己承担相应的结果。当然，如果孩子做事的结果不理想，家长要接纳，要理解，要支持他，要帮助他，而不是埋怨他，指责他，挖苦他，讽刺他。

家长一旦尊重孩子，孩子将会产生一种美好的感觉。孩子会一下子感觉到自己在父母心中原来这么重要：我说话他们愿意听，我的想法他们能够听取，允许我按照自己的想法做事，做事的方法我可以自己选择、自己决定。孩子的价值感、存在感涌上心头，幸福感就会随之而来。爸爸妈妈这么尊重我，我也要听爸爸妈妈的话，听他们的意见，尊重他们。

这就是相互尊重。父母跟孩子之间，其实父母是强势的一方，是有优势的一方。优势的一方尊重弱势的一方，弱势的一方自然会尊重强势的一方，生出感激之情也很自然。

因为，一些父母会担心自己尊重孩子，那孩子还不得“翻天”吗？其实不会的，你的尊重会赢得孩子的尊重，会让你有意想不到的惊喜。你们的亲子关系会变得真正“亲”。试试吧！

具体来说，应该从哪些方面去尊重孩子呢？可以从以下几个方面尝试一下。

一是尊重孩子的“话语权”。在家庭里要允许孩子说话，允许孩子发表自己的意见，听孩子把话说完，这是第一步。这时可以了解孩子的想法，了解孩子的内心世界，知道孩子在想什么，他们需要的是什么，为和孩子友好相处奠定基础。没有这一步，其他的都谈不上。有调查研究才有发言权嘛，就是这个道理。因为在生活中，家长常常会说“小孩子，你懂什么？别说了”，这就是不尊重孩子的“话语权”，只会导致孩子压抑自己的想法，而且容易关上心门。

第二步，看看孩子说的话有没有道理，符不符合实际情况。如果既有道理又符合实际情况，那我们就可以尊重孩子的意见，同意他按自己的意见去办事。也就是凡是涉及孩子的事情，都先听听孩子的意见，尽量尊重他们的意见，保证他们的话语权。

当然，如果孩子的话没有道理，或者不符合实际情况。那家长就要跟孩子一起分析，耐心地给孩子讲解，让孩子明白为什么不能按他们的想法来。“尊重”与“底线”我们都要守住。

二是尊重孩子的“思考权”。我们要尊重孩子的想法，要接纳孩子的想法。有的家长对孩子的想法，最常见的评价就是“你懂什么”“胡思乱想”“异想天开”“白日做梦”。于是，孩子的创造力、想象力、好奇心就在家长的不接纳中被磨灭了。

我们要允许孩子的想法与家长不一致。角度都不同，想法不一致是不是很正常呢？但平时家长可能想都没有想过这个问题，总是认为孩子还小，什么都不懂。谁不是从不懂到懂的呢？他也许不懂家长，不懂这个社会，但他一定懂自己。

孩子思考的过程，其实就是孩子成长进步的过程，所以我们要尊重孩子的“思考权”。

孩子遇到问题，引导孩子想一想该怎么办，而不是直接告诉孩子答案。这就不仅是尊重孩子的思考权，而且是进一步引导孩子思考了。这样做，效果当然就更好了。

三是尊重孩子的“决策权”。孩子自己的事情，或者涉及孩子的事情，只要在安全的前提下，在不违背原则的情况下，在事情与孩子的能力相匹配的情况下，尽量由孩子自己做决定，做安排。而不是什么事情都是爸爸妈妈说了算。不少父母认为自己吃的盐比孩子吃的饭还多，当然要由父母做主决定事情。父母是监护人，在孩子面前当然拥有决定权，但是随着孩子慢慢长大，有了自主意识，家长可以逐步放权，而且这对他们的成长也是更为有利的。比如孩子上学了，尤其到了小学中高年级，每天穿什么衣服、鞋子，这些可以让孩子自己决定，自己安排。又如孩子喜欢什么，想上什么兴趣班也可以在孩子体验后，让他自己做决定。还有，孩子放学回家后，他的时间也可以放手让孩子自己去安排。如果家长不放心，可以通过观察，通过与孩子交流，给予孩子适时适当的指导。

随着逐步放手，家长也可以将更多精力放到自己的成长中去。不是很多家长觉得自己累吗？那就适时适当放手吧，让孩子在成长的路上自己思考和决策。

如果我们能做到孩子的事情由孩子自己做决定，慢慢地，孩子将变得有主见，有定力，负责任。由于要对结果负责，反过来，孩子做决定时也会更加慎重，更加全面、周到。这对孩子的成长是非常有利的。

有的家长就会说，我们就不管了吗？其实，家长要做的事情也不少，比如替孩子收集信息，给孩子一些利弊分析，帮助孩子选择适合自己的。在这个过程中，家长可以通过各种渠道收集信息，比如网络、朋友、工作单位等，同时还需要将自己的人生经验，自己对生活、工作的认知与感悟讲给孩子听，孩子有了这些丰富的信息，做出的判断自然就更加全面、客观，这时孩子再结合自己的内心需求、未来目标，做出的选择就会是比较科学的、符合实际的。在这个过程中，家长的作用发挥，也是很重要的。

四是尊重孩子的“做事权”。孩子小时候，家长怕孩子做不好事情，反而给家长添乱，于是采取最简单的方式——不让孩子做事。因为家长做起来快一些，而且效果更好。比如扫地时，孩子往往兴趣很大，拿着扫帚就想扫，他们当然扫不干净，而且可能会耽搁大人的时间，家长就不让孩子扫了，往往还会说“别添乱了”。可是，当孩子大一些了，有能力做事了，家长又会说“你只要把学习搞好就行，其他什么都不用做”。

其实，这是剥夺了孩子做事的权利，剥夺了孩子成长的权利。因为人只有在做事情的过程中才能学会做事情，包括孩子自己的事情、家里力所能及的事情、社会的一些公益事情、班级的事情、学校的事情等等。凡是孩子力所能及的事情，都应该允许孩子自己去做，而且应该从小做起。其实，孩子在做事情的过程中，既锻炼了动手能力，也学会了思考、总结、提升。

有了对孩子全方位的尊重，孩子自然也会反过来尊重父母，亲子关系自然融洽、和谐、亲密。

给大家讲讲“尊重与信任”在班级管理和学校管理中的实际效果吧。

我在 1984 年参加工作时，承担初中语文教学工作和班主任工作。1987 年秋季，我开始担任第二届新生的语文教学工作和班主任工作。我对第一届班级管理工作进行了梳理总结，在新的班级用新的理念和方法进行班级管理——尊重学生，信任学生。

我们组建了班委，选出了小组长。我对全体学生说：“我尊重每一位学生，每一位学生在我心中都是好学生，都有一个好的形象。”我把班级事务的管理权也交给了班级委员会。

由于我尊重每一位学生，每一位学生在班级里都感觉到非常有尊严。为了维护自己在班级里的尊严，每一位学生都更加自觉地遵守班级的规章制度，更加努力地学习。

很快，我们的班级就形成了自尊、自律、积极、向上的学习氛围。每个人都在努力学习，浓厚的学习风气也逐步形成了。

当年，我自己也开始进修，以求提升自己的文凭。我每个月都要到县教师进修校去学习四天，期末考试前的最后两周复习时间，我也要到进修校去集中复习两周。在我离开学校去学习的时间里，我班级里的学生都是自主管理，我的语文课也都是学生自学。

当我每次学习结束回到学校时，校长都对我说，他每天去巡课时，都发现我的班级里非常安静，比有老师的班级纪律更好，而且每一个学生都在学习，没有一个人偷懒。校长对我说，他觉得有些不可思议，问我用什么办法把学生管理得那么好。

其实，我并没有用什么特别的奖励或者惩罚的措施。就是尊重每一个学生，信任每一个学生，我的尊重和信任激发了学生的自尊心、上进心，他们觉得只有更加自觉、自律、努力学习，才能回馈老师的尊重与信任。

这样的尊重，不仅让我们的师生关系特别亲近，学生们有什么都愿意跟老师交流，而且营造出了良好的班风学风，让整个班级管理走上了良性循环的轨道。期末考试成绩公布后，我们班的语文成绩在学区也是最好的。

每当我学习归来时，如遇下课时分，同学们都在内操场活动，他们都会由衷地欢呼起来："哦！马老师回来啰！"这样的场景至今让我记忆犹新、激动不已，真是让人感到十分的欣慰。

这就是尊重的魅力，这就是尊重孩子带来的出奇好的效果。

再后来，我担任学校的管理工作。我也是尊重和信任每一位教职员工、每一位学生。这种做法很快就赢得了师生的信任和尊重，学校也形成了宽松、和谐、积极、向上的工作和学习氛围，取得了一个又一个好成绩。我曾经在三所学校担任校长，我走到哪所学校，哪所学校就会很快具有凝聚力和战斗力，就可以取得优异的成绩，因此我所在的学校教学质量几乎年年都能在市里名列前茅。

这样的教学成果说明"尊重"在学校管理工作中，同样能取得令人意想不到的好效果。

所以，各位家长，尊重孩子吧，你将会有意想不到的收获。

其次，是调整身份定位。这是送给大家的第二把"金钥匙"。

通过调整家长的身份定位，进而明确家长的职责，让家长知道自己该做些什么，哪些是家长可以做的，哪些是孩子自己的事情。因为生活中很多家长是"眉毛胡子一把抓"，在孩子面前没有做事情的界限，分不清哪些是家长的职责，哪些是孩子自己的事情。

生活中，家长们常常说，我管孩子管得多累啊，我管孩子吃，管孩子穿，管孩子睡，管孩子学习，不一而足。孩子不能做的要管，孩子能做的也要管。其结果是，家长“管”得很累，孩子活得很累。到最后，孩子还服不服你“管”？会不会“逆反”？最后，家长们落得个“费力不讨好”，反过来又埋怨孩子没有良心，不听自己的话，对自己不孝顺。

可见，家长们普遍以“管理者”的身份来给自己定位，而孩子当然就成了被管理者。

作为“管理者”，可以说家长什么都要管，什么都要理，然后什么都安排。孩子呢，只能听从，只有听从。学习、生活、工作，甚至是婚姻都要听从父母的安排。

家长们就像一个“导演”，故事情节、语言、行为，什么都安排，孩子只是“演员”，只能根据导演的安排来说话做事，让你演什么你就演什么，让你怎么演你就怎么演。孩子过的完全是“被动人生”。

家长们，孩子因我们而来到这个世界，但孩子是为我们才来到这个世界的吗？

既然管理者累，被管理者也累，效果又不怎么好，就说明这种方式有问题。那我们就该改变了，就该调整身份定位了。

调整身份定位，既能解放家长，也能解放孩子，还能让家长和孩子都找到自己的位置，做自己位置上该做的事情，进而各得其所，各得其乐。

那家长要怎样调整自己的身份定位呢？怎样改变被动的局面呢？

那就是从“管理者”到“帮助者”“协助者”“引导者”，从“导演”到“助演”的转变。

孩子因我们而生，但不是为我们而来，他们有自己的人生轨迹，他们的未来无可限量，哪里是我们管得了的？

孩子才是他们自己人生的主角，而家长不过是助演而已。孩子们的人生要怎么走，得遵循他们自己的成长轨迹。在他们遇到困难时，家长要给予适时适当的帮助，成为孩子成长路上的帮助者。这才是家长应该担任的角色。

一株小树苗只要有一定的养分、水分、空气、阳光，不需要过多的人为干预，它就会往上生长。人也是这样，当孩子来到这个世界时，他们充满了好奇，竭尽所能地去探索这个世界，他们是天生带着动力来到这个世界的。正是由于家长过多、过度的干预，让孩子们不知所措，消减了孩子们的好奇心、探索欲。

孩子自己能解决的问题，就让他自己解决。当孩子遇到问题、遇到困难解决不了时，家长再去帮助他，给予孩子需要的支持。这个时候，我们的帮助就是“雪中送炭”，孩子会觉得家长就是后盾，而且会顿生感激之情，泛起感恩之心。这样的感恩是一种真实的感觉，是孩子发自内心的情感。作为管理者可能做法就恰恰相反，孩子做得了的事情也要去管，一旦孩子事情没有做好，就埋怨他、指责他、打骂他，孩子当然是另外一番感觉，那就是“落井下石”的感觉，既然是这么不愉快的感觉，结果当然是孩子不但不感恩，反而怨恨家长。

如果我们能改变身份定位，生活的角色让孩子自己去演，在孩子遇到难处时，做到“雪中送炭”，当好孩子的“助演”，那么，孩子就从生活的“被动者”变成了“主动者”，家长也就从“管理者”变成了“帮助者”。这样身份定位一变，孩子会变得主动、负责、有担当，家长也会变得轻松许多。各得其所，各得其乐也。

最后，就是调整孩子的成长方式。从“被动成长”到“主动成长”，让孩子走向自主，这是送给大家的第三把“金钥匙”。

从“推着走”“骂着走”“打着走”到“自己走”“自己想走”，也就是自主成长。

过去，孩子们的事情，家长是什么都去管理，什么都去操心，什么都去安排。现在家长们就要捋一捋，哪些是孩子自己的事情，哪些才是需要家长协助的事情。家长也要提前做好功课，当孩子需要我们时，我们便能拿出相应的方案，采取相应的行动。

具体来说，生活中，吃饭、穿衣、睡觉、读书学习、工作都是孩子的事情。

那么孩子如何才能主动成长呢？其实没有那么复杂，生活即教材，把生活捋清就好了。

一是凡是孩子自己的事情，在他力所能及的情况下都让他自己做。比如孩子能够自己吃饭了，就不要再喂；能够自己穿衣了，家长就不要再帮他穿；能够自己按时睡觉、起床了，家长就不要再天天去叫他睡觉、起床；能够自己漱口刷牙，家长就不要再帮他把牙膏挤好。

二是孩子大一些了，就应该参与家庭事务了，比如煮饭、洗碗、扫地、洗衣服、购物，还可以参与一些家庭事务的讨论，比如郊游的计划安排、物资准备、需要承担的任务。而且这些家务要成为孩子生活的一部分，要让孩子长期承担一定的家务，而不是偶尔做一下。因为孩子也是家庭的一分子，一方面享受在家中的权利，得到家庭的温暖，另一方面也要尽自己的职责和义务，这其实是孩子的本分。很多家长叫孩子做事情时，总是爱说“孩子来帮妈妈做点事情”，其实应该换成“来，孩子我们一起做事情”。比如煮饭，孩子也要吃饭，当他有能力煮饭时，那不是他应该做的吗？

三是让孩子适时参与一些社区的公益活动，比如大扫除、花草树木的修剪、垃圾分类等等，要让孩子做事情的范围从家庭走向社区。

四是让孩子在学校读书时，管理好自己的桌椅地面，随时保持干净整洁，并积极参与班级事务的管理，比如主动当班干部，主动参与班级管理、作业收发、卫生管理等等。同时，要让孩子主动参加学校组织的各种活动，比如大扫除、节日庆祝文艺汇演、运动会等等。学校是孩子主动成长的重要阵地，在这块阵地上，要引导孩子多参与、多展示，在这些活动中锻炼成长。

五是让孩子适时关注新闻，了解和关心国家大事，关注世界的发展格局。

就这样，孩子做事的范围由小到大，逐步走向社会，这就是孩子主动成长的最佳路径。

家长学习、理解、掌握这三把“金钥匙”，然后从这三个方面，对照自己以前的教育理念、教育方式，梳理出应该调整的地方，在以后的日子里一项一项地调整，就能让亲子关系、身份定位、成长方式步入正确的轨道。那么，相信你的亲子关系会好转，家庭氛围会改变，烦恼也会减少。

有了“尊重”，有了正确的“身份定位”，孩子能“主动、自信”地成长，这三把“金钥匙”用好了，家庭教育中的许多常见问题，都能得到良好的解决，障碍都会被一一排除，孩子、家长、家庭都将走在健康、快乐的成长道路上。

第三节　家长要超前学习

凡事预则立，不预则废。不管是谁，人生都只有一次，人的每一天都是新的，每天面对的事情也都是自己没有经历过的，即使是自己以前经历过的事情，但在新的一天都可能出现未曾经历过的变化。是等问题出现了，事情做不下去了，或者把事情办砸了再去找原因，再去学相关的知识，还是事先对要做的事情进行学习，以避免出现问题，孰优孰劣，显而易见。

所以，凡事都需要学习，并且需要超前学习。没有人有先知先觉的本事，只有通过学习，才能做到有备而来，知己知彼，百战不殆。尤其是孩子的教育培养，更是一个系统工程，家长要通过系统地学习家庭教育知识，掌握基本的家庭教育理念和方法，方能在子女教育面前科学施教，从容有度，有方有法，行如所愿，才能避免问题来了再去学习，再去改变。人生岁月不可以重来。所以，超前学习显得尤为重要。

那么，家长要怎样超前学习？学些什么呢？又什么时候学习呢？

那就要根据每一个家庭的具体情况进行具体规划，基本的思路就是做什么事情之前，先学习相关知识，再根据相关知识做相应的事情，做到理念正确，方法科学。

从当父母、育子女的角度来说，大致可以沿着这样的思路进行学习。

1. 怀孕前的备孕知识学习

青年人结婚组建家庭以后，如果准备要小孩，那么就要学习备孕的相关知识。一个基本的要求就是，夫妻都要保持健康的身体状态、愉快的心理状态。

要做到身体健康，就要生活有规律，饮食营养丰富，并进行适度的身体锻炼，等等。要做到心情愉悦，夫妻之间就要多交流、多沟通，遇到烦心事要及时通过沟通和交流解决，保持积极向上的心态。

具体要学些什么呢？怎么学习呢？学习的内容相关专业书籍上会有介绍，这里不再赘述。学习的方式很多，最简单易行而又有效的方式就是购买相关的专业书籍，利用工作之余的时间进行学习。这样的学习既保证了专业性，又具有系统性、全面性，因为专业的书籍总能系统专业地介绍相关知识。有了书籍，我们就可以利用好生活工作中所有碎片时间进行学习，也可安排专门的时间进行学习，比如晚上的时间或者周末的时间。这样既不影响工作，又能学到相关知识，工作生活两不误。当然也可选择专门的培训机构进行学习，只是这样的方式要有时间的保证。

2. 怀孕后的孕期知识学习

怀孕后，孕期知识特别重要。有的女人怀孕以后，就什么也不做，也不运动，生怕动了胎气。其实，这是不科学的。女人怀孕以后，还是要适度运动，只要不是重体力劳动或处于放射性的环境，许多工作都是可以继续做的（当然特殊情况除外）。

同时，怀孕的女人要特别注意营养的合理搭配，既要注意自身的营养，还要考虑孩子的需求。家长可以了解相关的营养搭配知识，安排好一日三餐的食谱，并在一定阶段更新食谱，让孕妇百吃不厌，得到充分的营养保证。

生活有规律也很重要。什么时间起床，什么时间睡觉，什么时间工作，都要制订好计划。因为生活有规律可以让身体始终保持良好的状态，更有利于胎儿的良好发育。

同时，保持心情的愉悦舒畅，更是腹中胎儿需要的心理养分。当妻子怀孕以后，家庭成员要协调好人际关系，尤其是丈夫要起到主导作用，主动关心妻子，主动协调好妻子与上一辈的关系，让家庭关系平和。妻子心情好了，胎儿心情便好了，这样胎儿就会愉悦地成长，未来出生的孩子性格也会更好。

当然，孕期知识还有很多，大家也可以通过专业书籍或其他渠道进行系统学习。

有了孕期的专业知识，我们就会做得更科学、更合理，孕妇和胎儿就会顺利而又愉悦地度过孕产期。

3. 育婴知识、产妇康复知识学习

孩子出生后，马上面临婴幼儿的哺育问题，以及产妇的康复问题。所以，家长要提前学习相关知识，以便相关事项有序而又科学地进行，让孩子健康成长，让产妇科学恢复。

其实，孩子生育前后的每一个环节都是一个系统工程，我们都要事先学习、谋划。以前经济条件较差，平时营养不均衡，孩子出生后，产妇为了康复而猛吃鸡鸭鱼肉，恶补营养。其实，这并不科学，这样过量的营养摄入，既影响出奶，又会让产妇快速肥胖。以前产妇出“月子”普遍都成了胖子，然后再慢慢减肥。

因此，小孩出生前后相关知识的学习非常重要，涉及两代人的健康与成长。我们可以买一些育婴知识的书籍来学习，也可以参加育婴师的培训，现在网络上的相关讲座也不少，学习也很方便，一些专业的 APP 也能为用户提供适时的专业知识。

这里要特别提醒一下，现在的年轻人往往比较重视育婴知识学习，而且通过学习，能够使用比较科学的方法来养育婴儿。但是帮着带孩子的上一辈却不这样认为，他们觉得自己曾经养育了多个儿女，会固执地使用并不科学的老方法来照顾孙儿孙女。因为在婴儿的养育上观念和方法不同，而发生婆媳矛盾，甚至夫妻矛盾的家庭不在少数。所以，建议要照顾媳妇和孙儿孙女的长辈们去参加育婴师培训，学到科学育婴方法和产后康复方法，以便科学照顾婴幼儿和指导产妇的产后康复。这既能让婴儿健康成长，又能让产妇尽快康复，同时还能让一家人的关系和谐，一举多得，何乐而不为呢！

4. 对幼儿园教育的了解学习

孩子进入幼儿园前，天天与父母长辈形影不离，从没有长时间离开过监护人。一下子要离开，肯定不适应。所以孩子入园前的心理准备主要是家长的心理准备。幼儿园是幼儿教育的专业机构，有专业的管理人员，有专业的师资和保育人员，家长对幼儿园要有足够的信心。当然如果家长不放心，可以到幼儿园去考察，了解具体的情况，也可以通过其他家长了解幼儿园的保育保教情况，以便做到心中有数，避免将过度紧张的情绪传导给孩子。

同时，也要帮孩子做好心理准备，比如通过语言引导解决孩子的内心焦虑，家长可以平静随意地跟宝宝谈论幼儿园，告诉宝宝幼儿园有什么样的老师，有什么样的小朋友，他们怎么吃饭，怎么玩耍，等等。家长也可以带孩子做初步的体验，妈妈扮演老师，孩子扮演小朋友，通过“过家家”的方式，体验幼儿园的生活。家长还可以带孩子到幼儿园的外围去实地参观，将“过家家”的经验和真实的幼儿园生活联系起来，进一步深化孩子对幼儿园的认识，排除陌生感。如果入园前用一个月左右的时间做好以上准备，那么孩子入园时可能也会哭，但是他的内心不会过于恐惧和痛苦。

在孩子入园早期，也可以让家庭的某一成员陪伴孩子，陪园的家长接送孩子，能够使孩子放松地去连接并体验新的环境。陪园的家长要有耐心，当孩子对新的环境有基本的熟识感后，陪园期就可以结束了。陪园时，尽量不去干涉孩子，孩子就会慢慢放松紧张的情绪，他就会将眼前看到的景象组织成自己的经验，慢慢吸纳，不再感到陌生，逐步融入幼儿园这一新环境，最终成为其中的一员，成为快乐的主人翁。

在孩子入园初期，由于还处在适应期，可能孩子的情绪会有些波动，这时家长要学会倾听。因为孩子的每一个不正常的行为背后都有一个正当的理由。负面情绪的宣泄，是在呼唤成人的关注。所以，当孩子有不正常表现时，父母应当保持和蔼可亲的态度，通过倾听给予孩子关注。当然如果孩子发泄完情绪以后，家长能够说出孩子的感受，与孩子共情，那么孩子的内心会觉得不那么孤单，他会知道有家人了解他的感受。

5. 对小学教育的了解学习

幼儿园三年的学习生活，让孩子对集体生活有了经验，对小学不那么陌生。但是幼儿园是以让幼儿在活动中、在趣味的游戏中发展各方面的能力为主，没有明确的定性或定量的考核指标，孩子在幼儿园的生活是愉快而轻松的。到了小学，孩子开始学习识字、拼音、组词、造句，开始学识数、加减法，开始学习音乐、美术、体育等多门课程。每一门课程都有明确的教学目标，学习以后都要经过考核，要达到相应的分值才算完成学习任务，而且，客观上学生之间会有一个竞争。

鉴于以上情况，家长首先应有相应的思想准备，应把孩子的学习纳入全家人的日程。这里说的并非包办代替，而是说从孩子读小学起，家庭的各种事情安排都要考虑对孩子学习的影响。孩子下午放学回家后在家里写作业，那么家庭环境就应该保持安静平和，家庭成员说话的音量要适度控制，电视声音关小或干脆不看电视。周末的活动安排，也要首先考虑孩子的作业是否能够完成，要保证孩子有充足的完成作业的时间。平时家长到外面的各种应酬也应相应减少一些，或至少有一位家长能够保证在家里陪伴孩子，当然不一定要陪着孩子写作业，但孩子作业完成了，应先检查一下。总之，家庭的各种规划、活动都要照顾孩子的学习，家长不能还是天天应酬不断，各种娱乐活动不止。

6. 对初中教育的了解学习

初中学习与小学学习是有比较大的差异的。一是孩子们的年龄渐长，三观将在波动中逐步形成，心智会逐步走向成熟；二是初中生的学习内容、难度有较大幅度的增加。

一方面学生要做好这方面的心理准备，另一方面家长也要和孩子一起商量孩子作息时间的调整。因为到了初中，孩子的作业量会明显增加，在保证睡眠时间的前提下，孩子的作息时间应该安排得更加紧凑。同时，孩子写作业的速度和效率都应该有所提升，以适应更多学习任务。随着孩子年龄的增长，孩子的自我管理能力也应相应提升，能够自主安排作息时间，自主完成学习任务，有问题原则上应多请教老师、同学或查资料，学习上的问题争取在学校解决。

作为家长，要了解孩子在初中有哪些学科，每一个学科平常有多少作业，老师有哪些要求，自己的孩子每天大概要花多少时间来完成作业，孩子还有没有时间预习复习，孩子每天的学习任务是否能够完成、是否已经完成，孩子达成了什么样的学习目标，孩子考试丢失的分数是什么原因，孩子在学校与老师的关系怎么样、与同学的关系怎么样、上课的表现怎么样、活动参与度怎么样，等等。只有家长了解了初中教育的内容，了解了孩子在学校的各方面情况，那么在孩子需要帮助时，我们才能给予恰当的适时的帮助和支持，我们的帮助才是有针对性的、有效的。这样才能避免一种不好的现象，就是有的家长平时不怎么去了解自己的孩子，但当孩子出现问题时，却总是主观武断地责怪孩子。这样不但给不了孩子积极的帮助，反而会让孩子不知所措，打击孩子的积极性。

7. 对高中教育的了解学习

孩子上了高中，在学习上将面临更大的挑战。一般的高中会在两年内学完三年的内容，并在高三进行全面系统的复习，所以高中教学进度很快。

那么，家长可以做些什么呢？一是一有时间就要和孩子多交流，也许在知识上家长帮不了孩子什么，但是在交流中，孩子的紧张情绪会得到缓解，一些烦恼会得到释放，孩子能继续轻装上阵，全身心投入学习中去。二是指导孩子在紧张的学习中，做到“忙而不乱、忙而有序”，越是学习内容多，越是时间紧张，越要有安排，什么时间做什么事情，要有条不紊，一切要在自己的掌控之中。

另外，高中阶段的考试特别频繁，什么月考、周考，甚至每天一个小测验，学生的考试分数有时会像过山车一样起起落落，这都很正常，家长不要太大惊小怪、一惊一乍，给孩子增加莫名的压力。因为他们平时学习任务都很重，可能这次考试前没有时间来复习相应的内容，那么可能这次考试的分数就不会高。如果这次考试前，孩子有时间进行相应的复习，可能这次的考试分数就会高一些。所以，家长要看长远，要看孩子的学习状态是不是正常，只要孩子在努力学习，状态良好，家长就不必太过担心。

到了高中，当然人人都希望孩子能够考上更好的大学，这个是可以理解的，同时也应定一个目标，让孩子朝着目标努力。但我认为，我们更多的目标应体现在学习的过程中，比如我们的学习状态是不是很好，我们的学习过程是不是高效，我们的学习阶段目标是否完成得理想，我们对学习过程的安排是否合理，等等。如果学习过程落实好了，取得好的成果就是水到渠成的事情。有了这样的战略思想和定位，既可以减轻孩子思想上的负担，又可以将平时的学习落实到位。所以，家长和孩子都要站在一定的高度来思考和布局。

高中阶段，学习任务重，那么身体健康就很重要。“身体是革命的本钱。”学习生活要有规律，适度的睡眠、合理的营养、适宜的体育锻炼等都能助力孩子健康成长。

同时，家长的关注点如果能够宽泛些，会给孩子更大的弹性和空间。比如与孩子聊天，谈一谈同学关系啊，体育活动呀，学校食堂的饭菜怎么样啊，最近身体状况怎么样等，这样孩子就会觉得家长是在真正地关心他们。如果家长一开口就是分数，就是成绩怎么样，那孩子的感觉就是家长只关心分数，只在乎成绩，对他们自身并不关心。本来一个人的成长就是多方面的、全方位的，如果都集中到某一个点，既有失偏颇，又不客观，且平添压力。有的孩子本来学习成绩就不占优势，而家长又老是盯着孩子的学习成绩，那孩子在这样的氛围中就会非常艰难，甚至度日如年，煎熬得很。所以，我们要看到孩子各方面的发展，激励优点，以点带面，以优点促进其全面发展，孩子方有奔头，才有希望，才会在愉悦中努力学习，奋勇成长。

最后，我想说的是，如果确实感觉压力太大，那我们就要“不忘初心”，因为健康快乐最重要！所以，孩子和家长都不要太过苛求，只要努力了，拼搏了，结果就顺其自然。如果我们能有这样的心态，那我们就能顶住压力，迎难而上，同时又能心平气和地学习和生活。

这样，孩子就能顺利地度过高中三年，就能够健康成长，并且有最大可能性考上自己理想的学校。

8. 对大学的专业、学习内容的了解

孩子上了高中，家长就要未雨绸缪，利用业余时间了解大学都有哪些专业，各个专业都学些什么知识，未来的就业方向是什么，就业途径多不多，工作环境怎么样，工资待遇在社会的平均收入中处于什么水平。

同时也要考虑自己孩子的性格特征、兴趣爱好，看看将来适合什么样的工作。

孩子上高三了，家长就可以进一步了解各个大学近三年到五年的投档分数线、各个专业的录取分数线，并根据孩子的学习状况，特别是高三的几次诊断性考试、模拟考试的分数和在学校或市里的排位，判断出孩子可能考得上的大学。将范围内的学校列出来，再考虑未来读书的地域、喜欢的专业后，就可以进一步缩小择校范围。

有了这些准备，高考结束，分数一出来，再和孩子一起选学校、选专业就会从容不迫、淡定自如，就能最大限度地保证既选到如意的大学和专业，又能与高考分数相匹配。

当孩子拿到录取通知书以后，家长还要和孩子探讨大学怎么读的问题。高中三年异常辛苦，不少家长和学生到大学都松劲了，觉得该歇一歇了。有的孩子甚至认为，大学几年混满了事。其实人生的路，每一段都得认认真真地去走，如果哪一段路没有走坚实，在将来必定会踉跄，为后面摔跟斗埋下伏笔，“出来混总是要还的”，要让孩子明白这个道理。

其实，从小学、初中、高中，孩子们学习的都是基础知识、普适性的知识，基本没有涉及专业知识。到了大学，就落实到了具体的专业，学习的某一方面的专业知识，会为将来的工作提供专业知识和专业技能的支撑。比如一个学习服装设计的学生，如果没有认真学习，没有学到相应的知识和技能，将来到服装设计公司工作，连起码的图纸都不会画，那怎么能胜任这份专业对口的工作？那几年的大学就白读了。再如一个医学专业的学生，如果不认真学习，将来拿什么“治病救人”！

何况，现在很多孩子大学毕业还要考研究生，所以到大学以后，更要安排好自己的学习和生活。孩子到了大学，从年龄上来说，已经是成年人了，所以大学对学生的管理就会比较宽泛。比如作息时间、课程的选择、听课是否及时赶到、作业是否有质量地完成，这些大学生活的基本要素，几乎都要由学生自己自主地去完成。如果安排不好，就有可能生活没有规律，身体健康状况堪忧，学习任务没有完成，考试挂科，甚至最终导致退学都有可能。

所以，孩子上大学前对大学的认识和了解十分必要，要做好充分的心理准备，到了大学方能把学习和生活安排得井井有条。其实，大学期间可以说是孩子们一生中的黄金阶段，不仅可以学到相应的专业知识，还可以利用大学的有利条件，考取与自己专业有关的相应证书，甚至其他在社会上找工作有用的证书，比如教师资格证、会计证、律师证、导游证等，那未来的路一定会更好走，会走得更坚实、更淡定、更从容。

同时，大学有藏书极为丰富的图书馆，是孩子们广泛阅读的大好机会。学生可以利用学习之余的时间，阅读各个方面的书籍，增加自己的知识面，提升自己的素养和内涵。将来走上工作岗位，就很难有这样的条件了。

在孩子读大学期间，寒暑假时间都比较长。一是可以学习一些专业知识或技术，比如考取驾照、学习英语等。二是可以从事一些社会实践活动，尤其是与所学专业有关的工作，比如师范专业的学生，可以到学校或培训机构去实习，积累经验和方法，提前与社会接轨。那么，将来毕业了，一走上工作岗位就能熟练从事相应的工作，减少了工作适应期、忐忑期。

9. 对读研究生、对就业知识的了解学习

在适应了大学的学习和生活以后，就要向学长、学姐和老师多了解大学几年的学习规律，比如大一、大二、大三、大四每一年主要学习什么，要做哪些准备。如果要考研，要从哪一年开始准备，要做哪些准备，什么时间考试等。如果不考研，也要了解双聘会一般会在哪个学期举行，要应聘所学专业的工作需要什么条件、要做哪些准备等等。孩子要对关键的各个时间节点做到心中有数，以便未雨绸缪，把各种深造和就业机会的主动权掌握在自己手中。

有的家长和学生对就业的政策和时间节点不太了解，觉得先毕业了，再慢慢找工作。这样的想法将会严重耽误孩子的就业。其实，国家为了大学生就业，制定了许多向应届大学生倾斜的就业政策，比如每年的公务员、事业单位的国考、省考，大部分名额都给了应届毕业生。同时，各个大学也从大四上学期就开始与各大企业相约在校园里举行双聘会。双聘会时，会有许多跟大学生专业相匹配的企事业单位前来招聘员工。其中不少单位平时是很难进的，因为国家给了他们解决大学生就业的任务，它们才走进了大学校园。所以，大学的最后一年，除了搞好自己的学业以外，就业或考研就成了重中之重，家长和学生一定要重视，千万别错过这样的大好时机。

所有这些，都应在进入大学后尽早了解，并对大学几年的学习做好相应的规划。这样大学的学习才会从容不迫，要考研才会胸有成竹，要就业才会更有针对性，才能最大限度增加对

人生的掌控。如果能够在大学毕业前，落实好工作，那么到时候就能顺利地步入社会，走向独立自主、自力更生的人生，人生之路就会相对平稳、顺利。因为，人生之路已经有了良好的开端。

第四节　家长要学会和孩子沟通

只有通过多与孩子沟通，才能了解孩子，家长要学会“怎样说孩子才愿意听”“怎样听孩子才愿意说”。

其实，许多孩子与父母之间的矛盾，都是沟通太少、沟通不畅造成的。许多孩子的逆反也是沟通不够造成的。

现代社会，网络特别发达，5G 时代已经到来，人们越来越迷恋网络，迷恋手机。一家人，同坐在一个沙发上，却各自看着各自的手机，沉浸在虚拟的世界里。沟通的缺失，导致亲情、友情淡漠，甚至丧失。这是值得人们警醒的。

沟通的方式有很多，家长与孩子一起玩耍、锻炼、做事，在过程中自然而然地就与孩子有了有效的沟通交流。在沟通交流中有了了解，在了解的基础上就会相互理解，在理解的基础上就会建立信任，有了信任，沟通交流会变得更加高效。这样，很多问题在沟通交流中就能迎刃而解。

不论是父子之间，还是夫妻之间、亲人之间、朋友之间，沟通就是桥梁。人与人之间是这样，国与国之间也同理，只有沟通才能了解彼此之间的诉求，关系才会更加亲近。

沟通有这么重要的作用，能联结亲情与友情。家长们，多与孩子沟通吧！只要一沟通，就会有好的感受。试试吧！

那么，我们怎样与孩子沟通呢？沟通时要注意些什么呢？下面我们探讨一下沟通的方法。

一是沟通时家长要注意角色定位，要平等地与孩子交流，而不能居高临下。有的家长也经常与孩子交谈，但是总是居高临下的，孩子只有听的份儿。这样的沟通是单向的，家长只是表达了自己的想法，却没有给孩子表达的机会。

正确的做法是平等的交流，家长可以说出自己的想法，孩子也可以大胆地没有顾虑地说出自己的想法。这样才是真正的沟通、有效的沟通，才能够达到互相理解的目的。

二是家长要注意与孩子沟通时的态度和语气。

有的家长就说："我经常与孩子沟通啊，可他们就是不愿意听啊。"是什么原因呢？我们来探究一下。

有的家长与孩子说话时，总是语气在前，凶凶的，莫名地给孩子增添了许多压力，让谈话的气氛变得紧张、压抑，让孩子的心里变得惴惴不安、特别拘谨，根本不敢与家长交流自己的看法，大大地影响了交流的效果。

其实，说话的态度和语气决定听话者的感受和接受程度。举个例子，妈妈叫孩子吃饭，如果语气平和、表情轻松，孩子接收到的信息就是"吃饭了"；如果妈妈语气很重、表情严肃，孩子感受到的就是"妈妈生气了"。

所以，家长与孩子交流时，语气要平和，态度要友好，这样才能真正表达出自己的想法，听者才能理解家长话语的意思，领会家长的真实意图，孩子在这种友好、平和的氛围中也才没有什么顾虑，才敢于说出自己内心的真实想法，进而与家长达成有效沟通。

三是听孩子说话时，多听少评。比如孩子放学回家，开开心心地跟家长说在学校的见闻感受、困惑烦恼。这个时候，家长只要专注地听孩子说完就可以了。有些困惑，孩子说出来，自己就明白该怎么做了，并不需要家长过多地说教。孩子说的见闻感受，家长也不需要过多评价。如果家长评价过多，孩子就会担心自己说得是对还是错，以后孩子跟你说话就会有顾虑，就不太愿意跟你说了。

所以，听孩子说话，也是要注意方式方法的。

第五节　家长要学会正面表达

所谓正面表达，也叫一致性表达，也就是把你要表达的意思通过语言正面叙述出来，而不是从反面去说。通俗地说，就是好好说话。比如家长想提醒孩子下楼梯时注意安全，可以说："孩子，下楼梯时要注意安全，眼睛要看着楼梯上的台阶，一步一个台阶地走。手里不要做其他事情，比如不能看手机，不能看书。手也不要揣在裤兜里，万一出现什么意外还可以用手抓住护栏，保护自己不摔倒。如果你摔倒了，会很疼的，妈妈也会心疼的。”

这就是正面表达，表达的是父母对孩子的关心和爱，而且内容提示也很清晰、具体。

但有的父母虽然心里同样是这样想的，但表达出来却是：“你不专心下楼梯，看不摔断你的腿！摔断了腿我才不管你呢！”这就是从反面表达自己的想法，孩子感受到的是严厉的训斥、责备，而不是爱。这就是最明显的，表达的和心里想的不一致。所以，孩子往往不愿意听，甚至偏要反着来，下楼梯他就是要蹦蹦跳跳。

只有正面表达，才能真正起到关心和爱护孩子的作用，才能让孩子感受到父母的爱，才能增进亲子感情。

家长要学会正面表达，养成正面表达的习惯。这既有利于沟通，又对建立良好的亲子关系有积极的帮助。

有话就好好说吧。有的家长说：“几十年了，我都是这样说话，让我改变，哪儿那么容易？”当然，如果你不愿意改变，那就要接受孩子的逆反，接受不好的沟通效果。所以，家长就需要权衡一下，是改变自己更好，还是接受那不如己意的结果。其实，为了孩子的健康成长，为了家庭的和谐，改变也没有那么难。只要家长愿意改变，并做一些训练，相信都能做到。

第六节　家长要有效陪伴孩子

陪伴，简单地说就是家长与孩子在一起。其实，人与人之间的感情是处出来的，包括家人之间也是一样的。你看，现实生活中有的家长因为常年外出打工，将孩子交给爷爷奶奶或者外公外婆带，那孩子就与爷爷奶奶或者外公外婆更亲，与父母反而不太亲近，就是这个道理。

有的家长，虽然没有外出打工，平常也与孩子一起生活，但能真正与孩子在一起的时间却非常少。这样的话自然沟通就非常少，难以有效建立亲情，更谈不上家长帮助孩子健康成长了。

其实，一般情况下，在下班后、放学后，家长与孩子在时间上和空间上自然就会有交叉。家里有孩子了，家长就应该调整自己的生活圈，把更多工作之余的时间留给家人。陪伴是相互的，家长陪伴了孩子，孩子也陪伴了家长，家长和孩子相互温暖着，一家人和和睦睦、其乐融融，那该多好啊。

家长和孩子在一起互动的方式很多，比如一起做家务，一起参加体育锻炼，一起做游戏，一起聊天，一起看书并探讨书中的故事或道理，一起看孩子喜欢的电视节目等。家长还可以利用周末、节假日的时间和孩子一起出去郊游、旅游。这些都是很好的陪伴、有效的陪伴。

可以说，陪伴是让孩子健康成长的最佳方式。

可是在现实生活中，不少家长一回到家就是看手机，刷抖音、玩游戏、晒朋友圈，忙得不亦乐乎，根本无暇顾及孩子。有的家长即使和孩子在一起，也没有多少交流。这样的陪伴就是无效的。

家长首先要有陪伴的意识，心中要装着孩子，即使再忙也要有意识地安排出陪伴孩子的时间，并规划好和孩子互动的内容。

在家长的陪伴中，孩子将会感受到父母的爱，感受到家庭的温暖，孩子的心灵也会得到滋养。陪伴就是为未来孩子的家庭生活积淀丰厚的底蕴，让孩子的幸福人生有一个坚实的支撑。

在一部外国电影中，有这样一个情境：一家三口在一起吃饭，女儿问父亲一小时能挣多少钱，父亲有些诧异，不过还是告诉了女儿。然后孩子向父亲借五美元，父亲非常生气，说你这孩子只知道享受，问自己一小时挣多少钱，就是想向自己要钱。女儿被责骂后，哭着跑回了自己的房间。这个时候，母亲对父亲说，你为什么不听女儿把话说完呢？吃完饭后，父亲似乎平静了下来，走进孩子的房间，抚摸快睡着的孩子的脸庞，并拿出五美元给孩子。这个时候，孩子跑到书桌旁拿起自己的存钱罐，把自己存的零钱全部倒出来，加上从父亲那里借来的五美元，一并捧到了父亲手上，说道："这是你一小时能挣到的钱，你明天晚上能抽出一小时陪我一起吃晚饭吗？"这个时候，父亲已经热泪盈眶，搂着孩子说："以后爸爸每天都陪你吃晚饭。"

这就是孩子的心理需求，他们渴望陪伴，渴望与父母在一起，渴望与父母多一些交流。

所以，家长真的要多陪伴孩子，孩子在陪伴中将会变得自信、充盈、平和、坚定。陪伴是让孩子健康成长最省力而又最有效的方式。

第七节　家长要信任孩子

人与人之间有了信任才有交往、交流的基础，相互之间说的话、做的事才有被认可的前提条件。

但是现实生活中却有许多父母不相信自己的孩子，不相信他们说的话，不相信他们做的事，不相信他们的能力。孩子说的话总要怀疑，孩子做的事总是给予打击，孩子想做什么事，总是说你怎么能行。最终孩子自己都不敢相信自己，甚至没有了自信心。

因此，要相信自己的孩子，对他们说的话、做的事给予认可、肯定，鼓励他们按照自己的想法去做事情。有了家长的信任和认可，父母与子女之间的信任度会更高，亲情会更浓，孩子也会变得更加自信和阳光。

当然，有的家长就会说了，孩子如果撒了谎，怎么办呢？这样的情形，家长可根据具体的情况，通过正面引导的方式，让孩子改掉这种坏习惯，然后再给予鼓励和认可。这种正向的引导和教育，会增强家人之间的信任，有了信任，孩子自然不会撒谎，因为在这种相互信任的家庭氛围中，孩子用不着撒谎，一切皆可以在信任的基础上进行交流。如果没有信任的基础，孩子不论有了什么想法或做了什么事情，自然都会怕这怕那，担心父母不理解、不支持，从而被动地撒谎。

父母、家庭是孩子最坚实的后盾。我们要营造宽松和谐的氛围，让孩子有心里话可以说，高兴了可以开开心心的，有委屈可以大胆地诉说。所有这一切都需要有信任这个基础。有了信任，父母、家庭才能真正成为孩子坚实的后盾、安全的港湾、温暖的归属。

有的孩子得不到家庭的信任，内心的苦闷无处诉说，长期处在压抑之中。外面的“坏人”几句关心的话语、几杯甜蜜的饮料，或许就能俘获孩子的心，可能就将孩子“骗”走了。

第八节　家长要挖掘孩子的天赋

家长要注意挖掘孩子独特的天赋。每个孩子都有不一样的天赋，总有一样是他的强项，不要用孩子最差的一面与别人一较高下，要让孩子去发挥自己最天才的那一面。

怎样挖掘天赋呢？

观察他。看他做什么事情会宁静、专注、持久，那就是他的天赋。一条鱼就不应该去爬树，它的生命属于海洋。

其实孩子在成长过程中，会自然而然地对某些事物或事情感兴趣，家长可顺势而为，为他们提供相应的时间、空间及条件，让他们在感兴趣的领域自由发展。如果发现孩子在一些方面确实很执着，那就可以有意识地进行培养，让孩子的天赋得到长足的发展。

有些人的天赋在很早的时候就被发现，加上后天的精心培养，他们很有可能很快找到最适合的职业；有些人的天赋发现得也很早，但被家长忽略了，那么他们就失去了展现天赋的机会；有些人的天赋根本就没被挖掘出来，这是一种遗憾。

当孩子在幼年时期对某个事物表示感兴趣时，家长千万不要反对，哪怕他是在观察蚂蚁搬家。这也许有悖于家教的初衷或妨碍了教育计划，但是，这些时候很有可能是孩子天赋萌动的表现。

爱莎出生在海边，看到大海的波动总是不由自主地舞蹈起来，她的母亲发现并保护了她在形体上表现出来的天赋。

爱莎的妈妈是个研究音乐的人，工作之余，她总是让孩子随着歌声任意、自由地舞动，并为孩子朗读诗歌营造氛围。

爱莎在妈妈的引导下，不仅形成了独立、真实的品性，还将自己的性情融入舞蹈中，将抽象的概念化为形体的语言表达出来。妈妈是爱莎天赋的发现者、启蒙人、拓展者。

妈妈经常为爱莎弹奏贝多芬的音乐，朗诵莎士比亚、雪莱的诗歌。小时候的爱莎经常沉醉在音乐和诗歌的世界里，忘记了周围的一切。

爱莎长大后，21 岁的她来到伦敦，在有着深厚艺术底蕴的欧洲，她的舞蹈风靡一时。人们欣赏着这位自由、奔放、形体舒展得比春天还要美丽的姑娘。

后来，爱莎创办了自己理想中的舞蹈学校。最后，她成为创造性舞蹈艺术的先驱者，世界现代舞之母。

小时候表现出来的天赋——舞蹈，成为爱莎的事业。她的成功固然是多方面因素的结果，但最主要的是她在艺术上的天赋，以及她的母亲对其天赋的保护和拓展。

孩子的天赋，大多在幼年时就会表现出来。像爱莎，她出生在海边，看到大海的波浪，她就想到手足的起伏，就有跳跃的冲动，于是她开始手舞足蹈，跳着自创的舞步。

家长不必将自己的经验强加给孩子，让他们按照自然发展的步骤成长就好。

有的孩子对声音敏感，这很有可能是他的音乐天赋；有的孩子对机械感兴趣，这可能使他成为发明家；有的孩子喜欢绚烂多彩的颜色，也许他会成为画家；有的孩子对树木、动物感兴趣，也许他会成为生物专家……所有的可能都可能会发生。

所以，我们要善于发现、挖掘、培养孩子的天赋，让他们的天赋得到很好的发展。如果天赋能够成为他们未来的事业当然是好事，即使不能成为事业，也必将为他们未来的生活增添色彩和乐趣。下班回到家，能弹奏几首优美的曲子，能拉出悠扬悦耳的乐曲，或能画出一幅自己心中理想的画作，那不都是一种享受吗！虽然不是演奏家、画家，但是普通人的演奏和绘画，可能更有生活气息，更能滋润忙碌的心灵。

现实生活中，家长们往往容易忽略孩子的各种天赋，当孩子们在进行各种探索时，有的家长甚至对孩子的行为进行阻止，还要责怪孩子。慢慢地孩子停止了探索，放弃了各种成长的机会，甚至变得对什么东西都不感兴趣，这个时候，家长又觉得孩子做什么事情都被动。其实，这可能是因为孩子的天赋已经被家长抹杀了，而家长却不自知而已。

让孩子尽情地去探索吧，让孩子去做他们感兴趣的事情吧，或许他们在兴趣之中就能找到自己的天赋，就能成就另外一个“爱迪生”！

因此，善于发掘孩子的天赋，必能为孩子的自然成长助力，必能让孩子在某些方面、某些领域有所成就，必能为他未来的生活增添色彩与乐趣。

家长们，让我们做个有心人吧。

其实，当我们的孩子在某一方面的天赋得以被发现、培养、发展时，孩子的自信心会得到增强，他也会在发展天赋的过程中受到启发，掌握一些学习规律。进而，家长可以以点带面，引导孩子全面发展，把学习等各方面事项做得更好，全面提升能力。这也是激发孩子学习动力和学习热情的一个有效的方法和途径。

第九节　家长要善待孩子

善待孩子，简单地说就是要用善良的心对待孩子，以友好的态度对待孩子。比如家长说话要温和，不要通过打骂来教育孩子，要接纳孩子的缺点。当孩子暴露缺点时，家长要以和善的表情、坚定的态度倾听孩子，陪伴孩子去改变。

现实中，孩子出现了问题，有的家长却只是一味地去责怪、埋怨甚至打骂孩子。其实，孩子在家长面前是非常弱势的，如果家长采取这样的方式对待孩子，那么孩子多么可怜。如果父母都不知道心疼自己的孩子，不知道对他好，那谁会对他好呢？其实，孩子出现缺点、错误的时候，本来就心中惶恐、无助，这时候，如果家长能善意地施以援手，孩子心里会倍觉温暖，自然会很乐意改正缺点、错误，孩子的心会与家长的心贴得更近，孩子的心灵也会在温暖中逐步走向成熟。

也许有的家长会说，我对自己的孩子还不好吗？那我们看看现实中的案例吧。

在江苏曾经出现过一个极端的案例。一位平时在旁人眼中客客气气的母亲，因为孩子的一个错误，将孩子的双手双脚用胶布绑住，用棍子抽打，从下午五点一直打到晚上九点，打累了又骂，骂累了又打。晚上这位母亲将孩子抱到房间后便睡觉去了。第二天清晨这位母亲起床后，发现孩子躺在房间的地上，身体已经冰凉。急救医生赶到后，发现孩子已经没有了生命体征，还发现孩子全身上下伤痕累累，应系非正常死亡。于是医生拨打了110，当警方调查询问时，这位母亲痛悔万分，说自己只是想教训教训孩子，让他改正错误，并没有想把孩子怎么样，更没有想过要把孩子打死。

这个案例让人痛心。许多家长在孩子犯了错误以后，往往情绪激动，容易产生打骂孩子的冲动。遇到类似情况，家长首先要调整自己的心情，当情绪舒缓以后，再思考怎么教育引导孩子，怎么用更加科学、平和的方式处理问题。

家长对待孩子的方式，可能直接影响孩子对待他人的方式和对待这个世界的方式。

所以，家长既是教育者，更是示范者。

比如家长总是和颜悦色地对待孩子，凡事总是和孩子商量、探讨，那么孩子在与他人相处时，自然也会比较平和，比较容易处理好和他人的人际关系。相反，如果孩子在家里经常受到父母的打骂，那么孩子就会觉得，人与人之间解决问题的方式就是打骂。所以，我们在学校里就常常见到这样的学生，同学之间一有矛盾，就大打出手，一了解他的家庭教育情况，往往父母的教育方式都比较简单粗暴。这就是上行下效的结果。

所以，家长善待孩子，不仅能让孩子感受到家长、家庭的温暖，滋养孩子的心灵，更能培养出一个善待他人、善待世界的人。

第十节　家长要清理孩子学习上的障碍

孩子进入小学以后，开始有了学习任务，而且一直到高中，学习的内容和难度都在不断地增多和加大。在整个学习过程中，遇到一些艰难困苦可以说是在所难免的，师生关系、同学关系、学习成绩上均可能遇到一些阻碍。当出现这些问题时，家长可以及时介入，帮助孩子清理障碍。

1. 跟老师的障碍

孩子进入学校以后，会涉及很多人际关系，要与班主任相处，与不同的学科老师相处。总体来说，师生关系相对单纯，教师教育教学，学生学习成长，教学相长，相互促进。所以，师生关系是相对比较容易维持好的。因为老师想把学生教好，学生想把学习搞好，目标一致。而且，教师是经过系统的专业培训的，具有专业知识的同时，还具有相应的职业道德，他们学过心理学和教育学，了解学生的心理状况，能够帮助学生解决心理之惑、学习之困。

但是，师生之间在长期相处的过程中，也难免因为学习任务的完成与否、管理者与被管理者的契合度、性格差异，以及一些突发状况而发生矛盾和冲突，使得孩子对某个老师产生心理上的抗拒，甚至因此不愿意学习这个学科。当出现这种状况后，家长要及时和自己的孩子交流，分析原因，找到症结所在，引导孩子正确面对与人交往时出现的分歧，因为一百个人可能就有一百个想法，学会相互理解，多与老师沟通，可能问题就迎刃而解了。

当然，如果孩子始终不能释怀，家长就有必要与老师进行沟通，因为老师站的高度更高。一般情况下，家长与老师沟通后，问题都能得到解决。当然与老师沟通也要注意方式方法，家长要带着解决问题的心态与老师沟通，要心平气和。如果家长带着情绪，动辄与老师吵闹，那就会适得其反，只会让孩子与老师之间产生隔阂，师生之间更难相处。因为在现实生活中，这样的现象时有发生，家长一定要注意。家长的目的是化解矛盾与弥合分歧，而老师是不会因为教育教学过程中出现的问题而对学生耿耿于怀的，只要大家坦诚以待，充分交流，问题是很容易得到解决的。

2. 跟同学的障碍

孩子在学校的另一个重要的人际关系就是同学关系。他们读书期间大部分时间都在一起学习、生活。孩子们在学习生活的过程中，会学到与人相处的方法，收获友谊，体验快乐。但在相处的过程中也会出现一些矛盾，一般的矛盾他们自己应该能够化解和处理，有一些矛盾通过老师的介入也能及时得到化解。但有些时候学生在出现矛盾之后，往往不愿意告诉老师，尤其是到了中学，有的孩子要么憋在心中，要么邀约朋友帮助，有的孩子甚至想通过武力来消解心中的怨气。

家长在与孩子的交流中，如果发现类似问题，要及时介入，引导孩子通过沟通交流化解矛盾冲突。如果自己解决不了，就请老师帮助解决。也就是说，可以给孩子们推荐一些解决矛盾问题的方法和途径。这里要注意的是家长最好不要直接介入孩子们的矛盾冲突中去，这样容易让矛盾扩大化。当然，如果需要，家长可以和矛盾同学方的家长取得联系，双方家长各自教育好自己的孩子，消除他们的怨气，让孩子们能心平气和地化解矛盾。

另外，孩子大了，他们有了矛盾，往往也不愿意告诉家长。如果发现孩子回家后情绪不对，家长就要主动和孩子交流，了解情绪背后的根源。如果是同学之间发生的矛盾影响了孩子的情绪，那么家长就可以主动帮助孩子化解心中的困惑，帮助他们解决问题。家长也可以及时与老师沟通，了解孩子在学校的表现，看孩子在学校是否遇到了事情。家长只有掌握了情况，疏导孩子才能有所依据，做起孩子的工作才能有针对性，才会取得好的效果。

也就是说，家长要善于发现孩子的问题，做个有心人。这是帮助孩子的前提。只要我们跟孩子的沟通交流是顺畅的，做到这一点便不难。

3. 跟家庭的障碍

孩子上学以后，学校有严格的作息时间要求，每天必须按时到校，按时放学，回家后还要完成相应的作业。这些要求可能会与家长的工作、家庭生活发生矛盾冲突。比如孩子上学以前，每天早上家长只要能赶到上班的时间就可以，家长下班后就直接回家，早一点、晚一点都没有关系。而孩子上学以后，家长早晨要先送孩子到学校，然后才能去上班，下午下班后要赶到学校去接孩子。比如幼儿园、小学低段都是要求家长接送的。

也就是说，早晨家长要比以前更早起床，把送孩子上学的时间安排出来，下午下班后要及时赶到学校去接孩子，不能因为加班或者其他事情而耽搁。

其实，陪伴孩子的同时，孩子也在陪伴我们，这就是我们生活的一部分，而且是非常重要的部分。在陪伴中，父母和孩子都会收获亲情，家长会感受到孩子的成长，孩子会感受到父母的关爱，亲子情谊日渐深厚。不是有的家长常常说，孩子大了，似乎与自己的距离渐行渐远吗，那就是陪伴太少、交流不多的结果。

总的来说，孩子上学以后，会与家长的工作、家庭生活产生一些冲突，家长要及时地排除障碍，调整好工作、生活与孩子读书之间的关系，让生活进入新的和谐的模式。

4. 学习上的障碍

孩子读书以后，每天都有学习任务，每堂课老师都会教授新的知识点。一般情况下，只要孩子注意力集中，并认真地去理解、巩固、练习，都能掌握相应的知识点。但是学习知识是一个复杂的过程，会有很多因素影响孩子的学习效果。所以作为家长，要时时在背后关注孩子的学习情况，如果孩子遇到学习上的障碍，家长要及时地介入。

当然，这种介入要有针对性。怎样做到有针对性呢？我们首先要了解知识的类别。

知识原则上分为三类：事实性知识（记中学，学习方式：背诵）、方法性知识（做中学，学习方式：实践、运用）、价值性知识（悟中学，学习方式：领悟、思考）。三类知识学法不一样，要根据知识的特性来选择合适的学习方法。

在孩子学习的过程中，哪方面的知识出现了问题，家长就可以有针对性地引导学生采用相应的方法进行弥补学习。这样学习就有了针对性，效果自然会更好，并能最大限度地确保孩子在学习上不掉队。

另一方面，要培养孩子一些基本的学习习惯，尤其是在孩子刚入学的时候。如果孩子出现了知识性的问题，要通过与老师交流，了解孩子出现问题的原因。如果是方法上的问题，那么就用上面的方法有针对性地去解决。但如果是孩子的学习习惯有问题，那么就要纠正孩子不好的习惯，培养良好、正确的学习习惯。比如孩子可能是上课注意力不集中，那就要培养孩子的专注力，这一点很重要。如果家长只是给孩子补知识而不帮孩子解决这种根源问题，那么孩子又会出现新的知识缺漏。针对这种情况，家长就要有意识地去培养孩子的专注力。当孩子有了较长时间的专注力，那么老师教授的知识，孩子在课堂上就能学懂学会了，这才是有针对性地扫除了孩子学习上的障碍。

同时，更为重要的是培养孩子积极向上、勇敢坚强的品质，这是孩子学习好的重要支撑。只要孩子具备克服困难、勇于向前的品质，那么当他遇到学习上的困难时，他就会竭尽所能、千方百计地去克服困难，去扫除学习上的障碍。始终以积极向上的心态去学习，将成为孩子永远追求卓越的动力和压舱石。

也就是说，如果家长发现孩子是因为缺乏意志力，而导致学习上的掉队，那么就要有针对性地培养、锻炼孩子的意志力，让孩子逐步具备勇往直前的坚强品质。

总结一下，当孩子学习上出现问题时，家长首先要分析孩子出现问题的原因，找到了原因，然后有针对性地解决根源性的问题。孩子缺什么补什么，这样才叫对症施策，才能真正解决问题，为孩子扫除学习上的障碍。

第十一节　家长人生经验潜移默化的作用

孩子呱呱坠地来到这个世界，一切都是新鲜的，又都是陌生的，他们要一点一点地去接触社会上的人和物，慢慢地去增加认知，进而适应社会，找到自己的生存之道。

孩子们在认识社会的过程中，他们的成长经历是有限的，接触的人和物也有一个慢慢拓宽的过程。在这个过程中，如果家长能够将自己在生活中、工作中的一些经历、经验、体会、收获，自然而然地传递给孩子，在孩子遇到一些事情时，把自己的经历、经验联系在一起，供孩子参考，孩子在不知不觉中就会学到许多间接的人生经验，为他以后的人生储备知识，将来当他遇到类似的问题时就可借鉴，就能少走弯路。这样他会比其他孩子更成熟，处理事情更恰当，为人更稳重。

这就需要家长做有心人。家长平时自己要多总结，把自己经历的人和事，把自己积攒的体会、收获，进行梳理。在平时的生活中家长要多看书读报，拓宽自己的视野，多留心他人的经验、社会的经验，看到更广阔的世界。自己有了积累，才能在平时与孩子的交流中，对孩子实现潜移默化的教育，才能在孩子遇到一些问题时，将自己的、他人的和社会的经验传递给孩子，为孩子当好参谋，帮助孩子解决成长中的烦恼。

这是孩子成长最便捷最安全的资源，也是成本最低的资源。家长千万莫要浪费了，要充分利用好，为孩子的成长保驾护航，并增添一份力量。

当然，家长要注意方式方法，只当参谋，不当决策者。如果家长过于主观，觉得自己经验丰富，觉得自己都是对的，然后就一味地要求孩子这样做或那样做，那么只会起到反作用。

第二章　家长自身应注意的事项

第一节　管理好自己的情绪

健康快乐是人们追求的重要生活目标。

情绪影响心情，也影响健康，更影响人际关系、家庭氛围。在一个氛围平和的家庭中，孩子会感觉到安全、宁静，孩子的心灵会得到滋养，变得丰盈而稳健。相反，在一个父母经常情绪化的家庭中，孩子始终处在惶恐中，怎能健康成长？

其实，我认为，教育、引导、陪伴孩子排在第一位的不是方法，而是什么呢？是耐心。

这是作为家长最重要的素养。因为，家长有了耐心才会冷静地思考，才会想到科学的方法，才能采取理智的行为，才能取得理想的效果。

要有耐心，就要有相对稳定的情绪，就要能管控自己的情绪。当情绪发生波动时，能够主动感知，主动调控，实现情绪的自我管理，不让情绪泛滥，以至于影响家庭氛围。

氛围良好的家庭犹如安全的港湾，能够让子女安心、没有顾虑地快乐成长，建立独立的自尊体系，拥有健康的心理。相反，在一个经常风声鹤唳、草木皆兵的家庭中，孩子常常处于紧张、害怕、愤怒的情绪中，怎能形成健全的人格呢？

父母如果经常情绪波动，其实对孩子也是一个负面的示范，将来孩子也可能成为一个情绪化的人。

当家长发脾气的时候，孩子会非常压抑、恐惧，这种情绪可能会直接影响孩子大脑的发育。现在，有些孩子读书以后表现出注意力不集中、记忆力差等问题，跟家长经常发脾气吼孩子也是有关联的。所以，家长有情绪时，要进行合理的自我疏导，在心情平复以后，再处理孩子的事情。

家长们下决心管理自己的情绪吧，不仅仅是为了孩子，其实也是为了自己，为了家庭，为了社会。因为，如果从家庭中走出来的都是心情平和的人，那么这个社会也会更加和谐。

第二节　处理好夫妻关系

夫妻关系和谐是家庭幸福的基础，良好的夫妻关系既能营造良好的家庭氛围，让孩子有一个良好的成长环境，又能在潜移默化中让孩子学会怎样处理好人际关系，帮助孩子学会维护未来的家庭关系。父母之间关系的处理就是一个给孩子的人际关系处理示范。

一个家庭中有多重人际关系，包括夫妻关系、亲子关系。如果是一个大家庭，可能还有更多其他的人际关系。那么，一个家庭中什么关系最重要呢？当然是夫妻关系最重要，它是家庭关系的支柱和基石。夫妻关系犹如高楼大厦的基础，所以要先把基础打牢实了，先把夫妻关系处理好了，家庭中的其他关系才能处理得更好。作为家长，一定要认识到夫妻关系的重要性。夫妻关系的好坏将影响整个家庭的幸福与否。一些家庭，当有了孩子以后，便把全部精力都放到孩子身上，尤其是一些母亲更是如此。这样做的结果就是孩子有怨气，丈夫有抱怨。也有一些当丈夫的，把自己与母亲的关系放在第一位，而忽略妻子的感受，不仅导致夫妻关系紧张，也带来婆媳关系的裂痕。

不仅是在家庭中，甚至在人的一生中，最重要的人际关系就是夫妻关系。夫妻关系稳固了，人才有坚实的后方，才可能在外面冲锋陷阵，放心打拼。而在外打拼累了，夫妻和谐的温馨家庭犹如安全宁静的港湾，可以让我们的心灵得到抚慰，可以让我们得到良好的休息，我们很快就可以“满血复活”，意气风发，再出发。

相反，如果夫妻关系不好，在外工作累了，回家后心里更烦，心里的苦累无处倾诉，说了也得不到正面回应，那就只能通过其他途径来消除烦恼，这就势必会让夫妻关系更加风雨飘摇。

而在家庭教育中，良好的夫妻关系将为孩子留下幸福美好的回忆，为孩子的成长营造良好的家庭氛围，这比什么都重要。什么样的氛围培养出什么样的孩子，吵吵闹闹的家庭必然培养出脾气暴躁、心绪不宁的孩子，和谐的家庭必然培养出心态平和、明白事理的孩子。

生活中有一种说法是“不吵不闹不是夫妻”，其实，这只是对生活中的一种现象的表述，并不是要引导大家“夫妻之间就是要吵闹”，谁喜欢吵闹呢？谁又愿意吵闹呢？吵闹后谁的心情是高兴的呢？谁不喜欢心平气和地把事情商量好呢？所以，不要误用这句话来安慰自己平时的吵闹。

一个家庭有大的小的各种事务，比如家庭收入与支出、夫妻关系、子女关系、工作事务、社会应酬等。夫妻之间如果能凡事好商量，多采取民主的方式决定和处理家庭事务，那么家庭氛围就是民主的、平和的，孩子也会从中学到相应的处理事务的方法和技巧。反过来，如果夫妻之间经常吵吵闹闹，甚至大打出手，就会为孩子树立反面的榜样，在孩子心中留下阴影，对孩子未来的生活造成负面影响。

既然夫妻关系这么重要，那么怎样才能处理好夫妻关系呢？

这里给家长们介绍一些思路。

一是要知道一个客观事实，那就是世界上没有两片一模一样的树叶。同一种树的树叶，乍一看似乎都差不多，但是放到显微镜下一观察，细微之处却有很多不同。

二是思想认识上要明白一个道理，世界上没有两个一模一样的人，如同上面说到的树叶一样。人嘛，都有大脑、躯干、四肢，大脑上都有五官，乍一看似乎也差不多。但仔细观察，每个人的外表其实都有差异，即使是双胞胎，仔细看看也是有不同的特征的。这还只是看外表，如果再听听他们的想法，那就更是千差万别了。其实，这也是人类生活丰富多彩的原因。如果每个人都长得一模一样，想法也都一模一样，大家走到哪里看到的都是同一张脸，听到的都是同一个想法，那生活还有什么趣味呢？

三是基于上述两点依据，我们在处理夫妻关系时，就自然地应该树立一个理念：求同存异。只要不是原则问题，那么，夫妻之间可以求同存异，尽量找到更多的相同点，获得更多的和谐与幸福。要尊重彼此之间的差异，包括认识、行为、习惯上的差异，只要不影响对方的生活、工作，尽可以存异。当然如果一方的行为、习惯已经影响另一方的生活，影响整个家庭的生活，那么也是可以做一些力所能及的改变的。

生活中往往有这样的情形，年轻人恋爱时发现了对方一些不足之处，心中幻想着结了婚就能改变对方。有的努力了几十年，都没有改变对方，而且在改变对方的过程中，自己很辛苦，对方很痛苦，过程极其艰辛，充满了矛盾冲突、艰难曲折。自己累了，对方也累了。有的就此分道扬镳，有的偃旗息鼓、唉声叹气。究其原因，其实就是他们对人性的认识不足，想要求对方各方面都和自己想的一样，那怎么可能呢？由于认识的缺位，而导致一生都在做不可能完成的事情，白白浪费了大好时光。自己没有生活好，孩子也深受家庭矛盾的困扰，甚至心理和人格都不健全。

四是确立正确科学的解决问题的方式：民主。既然没有两个人的认识、想法、行为、习惯是一模一样的，那我们就采取民主的方式，凡是涉及家庭的事务，大家坐在一起，发表各自的意见，最后再集中大家的意见，找到最大公约数。经过这样的思想碰撞，大家自然能从思想认识到行为都达成一致。大家思想统一、目标明确、行动一致、心情愉悦，家庭自然幸福满满。

五是定期召开家庭会议，总结家庭生活，商量家庭事务，规划家庭发展蓝图。总结家庭生活即总结做得好的地方，梳理可以改进的地方，开展批评和自我批评。通过这样的家庭生活总结，可以让未来的家庭生活更加有序、高效、和谐，提高家庭幸福指数。商量家庭事务，可以讨论下一周、下一月，甚至未来一年的家庭活动，包括学习、生活、工作、娱乐、外出旅行等。这能让家庭生活更加有目标、有条理，让生活更加有趣味，提高生活质量。规划家庭发展蓝图，比如子女的成长，事业的发展，一家人吃、穿、住、行的改善等。这样，整个家庭生活会更有目标感，对未来生活会更有期待感，家庭会充满积极向上的氛围。

六是夫妻之间可以培养一些共同的兴趣爱好，如一起看书、一起画画、一起唱歌、一起练乐器、一起舞蹈、一起打羽毛球等，然后交流看法和感受，共同成长。在艺术、体育等活动的熏陶中实现情感交融。

七是夫妻之间还可以安排一些特别的活动，比如定期一起外出吃饭、看电影、喝咖啡、郊游等等，以增加彼此的了解、增进夫妻感情。

以上这些方式，都有利于处理好夫妻关系。

第三章　家长的自我觉醒

一个永不停止追求上进的家长就是好的家长。每一个人的成长环境不同，特别是受原生家庭的影响不同，可能都有各自的优点优势，但也有各自的不足和缺点。当我们都长大成人之后，当我们都接受了良好的教育以后，我们的思想逐步成熟，我们接触了社会，了解了社会。我们懂得了规范人类行为的伦理道德，我们学习和知道了更为严格的法律制度。那么，我们就应该以伦理道德为底线来磨炼、修正我们的语言和行为，不断提升我们各方面的素养和修为。人的一生就是不断学习、不断进步、不断提升的过程，“活到老学到老”“朝闻道，夕死可矣”。

现在有一种比较流行的说法，一个成年人探寻自己内心存在的问题，首先要从原生家庭中找根源。固然，原生家庭对我们影响是很大，但是，现在我们长大成人了，经济独立了，思想也应该独立了。我们可以通过对生活的再认识、再梳理和再总结，通过不断的学习，改变我们的一些有失偏颇的认知，进而改变我们的言行，而不是埋怨我们的原生家庭，怪罪自己的父母。

尤其是在我们成为家长之后，更应该不断修正自己的“三观”，改变自己性格中不好的一面，改掉自己不好的习惯，让自己的思想和行为都充满正能量。

当然，也有一种说法是“江山易改，本性难移”，如果是别人要你改变，那确实是很难改变，因为你是被动的，没有动力。但如果是自己想要改变，那就事在人为，那就可以改变。

孩子在成长，家长也要成长。

孩子，我们一起成长！

按照我这本书介绍的脉络，孩子学会做人的品德，养成良好的习惯，树立人生的目标，具备基本的情商，有了健康的身体，懂得和掌握安全知识和技能；家长提升自己各方面的能力、素质，内涵、修养，学会做一个合格的、优秀的家长。

孩子和家长一起走在成长的路上，这是生命的成长。让我们一起努力吧！让家长更优秀，让孩子更出色。

现今社会，很多家长想得比较多的就是拼命挣钱，为自己和孩子多积累财富。财富对人类当然是有益的、必需的，但是财富是我们最终追求的目标吗？回答是否定的，当然不是。当物质上能基本满足我们的生活以后，健康与快乐、幸福的生活才是我们的终极目标。再多的财富传给孩子，如果没有正确的价值观、人生观、世界观，他们也得不到想要的幸福。

如果在家长的教育和引导下，孩子拥有正确的价值观，拥有美好的品质，拥有良好的习惯，那么孩子自然会创造出一片属于他们自己的天地，会为这个社会创造更多的价值。

正确的价值观、美好的品质、良好的习惯才是孩子可以受用终身的百宝箱。

所以，通过教育，才能以质取胜，投资教育才是我们最理想的选择、最正确的途径。

网上有几句流行语，放在这里比较合适：二十年后，你把房子交给孩子，孩子会说“太旧了”；你把车子交给孩子，孩子会说“拉倒吧”；你把票子交给孩子，孩子会说“不值钱了”。

好的家庭教育比房子、车子、票子重要，更能传承久远，更能让人受用终身。这是真理。